HENRIETTE BULETTE

HACKBÄLLCHEN KOCHBUCH

CROSSOVER-FRIKADELLEN,
MULTIKULTI-MEATBALLS, LUXUS-BULETTEN & CO.

HENRIETTE BULETTE

HACKBÄLLCHEN
KOCHBUCH

INHALTSVERZEICHNIS

BULETTEN HEIMSPIEL — TRADITION RELOADED · BULETTENHEIMSPIEL

BULETTE URBAN — AUF DIE FAUST · BULETTE URBAN · STREETFOOD

EINE BULETTE AUF REISEN — CROSSOVER & EXOTISCH · EINE BULETTE AUF REISEN

VORWORT -- 7

BULETTENWISSEN -- 8

🏠 **BULETTENHEIMSPIEL** -- 13

🏢 **BULETTE URBAN** -- 35

🚐 **EINE BULETTE AUF REISEN** -- 55

💎 **BULETTE ETE PETETE** -- 83

⚓ **BULETTE UNDER WATER** -- 105

REZEPTÜBERSICHT -- 124

ÜBER DIE MACHER -- 126

VORWORT

EIN LEBEN OHNE BULETTEN IST MÖGLICH, ABER SINNLOS.

SCHON IM KINDERGARTENALTER war ich eine leidenschaftliche Köchin. Damals stand ich meiner Mutter mit Begeisterung in der Küche zur Seite, habe mir ihre Tricks und Kniffe abgeguckt und gemeinsam mit ihr neue Kreationen erdacht. Für mich gab es nichts Schöneres, als mit Mutti gemeinsam den Kochlöffel zu schwingen und dann die gezauberten Speisen zu verputzen. Im Laufe der Jahre haben wir uns durch sämtliche Kontinente gekocht, riesige Partybuffets kreiert und opulente Diners gegeben; unsere Kochleidenschaft kannte keine Grenzen. Doch egal, was auf den Tisch kam, eine Speise war besonders beliebt und wurde immer wieder von unseren Gästen nachgefragt: Das Hackbällchen. Egal ob orientalisch, asiatisch, deutsch oder crossover, die Buletten überlebten nicht lange und wurden als erstes verspeist. Nach und nach entwickelte ich mich zu einer wahren Hackbällchen-Expertin. Ich kreierte ständig neue Varianten, experimentierte mit Gewürzen und suchte nach außergewöhnlichen Anregungen.

Immer wieder fragten mich Freunde und Bekannte nach meinen Rezepten und wollten erfahren, wie man meine Buletten und anderen Leckereien zubereitet. Da geteilte Freude doppelte Freude ist, gab ich meine Kreationen gerne weiter. Aber warum meine Ideen nicht noch viel mehr Hackbällchen-Liebhabern zur Verfügung stellen? So entstand die Idee zu Henriette Bulette. Die Mission: Dem oft unterschätzten Hackbällchen eine würdige Plattform verleihen. Denn die Bulette ist mehr als ein schnöder Imbiss-Snack, klassisches Party-Fingerfood oder günstiges Kantinen-Essen. Kein anderes Gericht verspricht eine solche Vielfalt, bietet mehr Raum für Kreativität und ist so wandelbar. Unterschiedliche Fleisch- und Fischsorten, verschiedene Zubereitungsarten oder Beilagen machen Buletten zu einem absoluten Allround-Talent. Ob *Köfte*, *Hacktätschli*, *Polpette*, *LaberIn*, *Meatballs* oder *Köttbullar*, nicht umsonst liebt man Buletten in aller Welt. Und so sind Hackbällchen für mich auch ein kleines (und schmackhaftes) Symbol für ein friedliches und harmonisches Zusammenleben der verschiedenen Kulturen auf unserem Planeten.

Meine Inspirationen sammle ich bis heute ständig und überall, am liebsten allerdings auf Reisen, wo ich mir die Geheimnisse der einheimischen Köche abschaue. Es ist nicht immer einfach, ihnen das wohl gehütete Wissen ihrer Kochkunst und die speziellen Zutaten zu entlocken, aber gerne verrate ich auch das ein oder andere Rezept von mir, und so entsteht ein kulinarischer Austausch zwischen den Kulturen. Und wenn eine Sprachbarriere auftaucht, kommuniziert man einfach mit Händen, Füßen und Suppenkelle. Auf Märkten und Restaurants in aller Welt bin ich auf der Suche nach neuen Geschmäckern. Aber auch in heimischen Gefilden werde ich immer wieder fündig und bekomme neue Einfälle. Buletten werden einfach niemals langweilig. Und so lebt es sich auch ohne Probleme nach meinem Motto: »One Bulette a day keeps the doctor away!«

Nun genug der vielen Worte. Jetzt heißt es: Ran an die Buletten! Ich wünsche Euch viel Genuss und Freude auf der Entdeckungsreise durch die wunderbare Welt der Hackbällchen ... Guten Appetit!

Eure

DIE BULETTE

EINE WELTWEITE ERFOLGSGESCHICHTE

HEISSGELIEBTE EINWANDERIN Neben Currywurst und Döner ist die Bulette eines der bekanntesten Berliner Gerichte überhaupt. In jedem Imbiss bekommt man sie; mit Schrippe oder Fritten und einem Klecks Senf. Dabei stammt die Bulette eigentlich gar nicht aus der Hauptstadt. Das Wort Bulette stammt vom französischen Wort »Boule« für »Kugel«. Genau weiß man es zwar nicht, aber man munkelt, dass die Hugenotten die würzige Spezialität bereits im 17. Jahrhundert nach Preußen gebracht haben. Andere behaupten, das Wort sei erst gebräuchlich, seit Napoleons Truppen Anfang des 19. Jahrhunderts einmarschierten.

Den genauen Herkunftsort der Bulette zu bestimmen, ist schwierig. Denn überall auf der Welt gibt es Fleischbällchen. Aber das spielt eigentlich auch gar keine Rolle. – Hauptsache es schmeckt! Sicher ist: Die Bulette hat sich durchgesetzt und wurde nach und nach zum absoluten Verkaufsschlager in Berliner Kneipen. Neben Rollmops und Sol-Ei war sie ein beliebter Snack zur »Molle« (Bier), und auch auf dem heimischen Esstisch wurde der Fleischklops gerne serviert.

BULETTE GLOBAL Egal, woher die Bulette kommt oder wer sie erfunden hat, Hackbällchen & Co. gehören bis heute zu den beliebtesten Speisen überhaupt. So ist es kein Wunder, dass Fleischbällchen in den verschiedensten Varianten weltweit verzehrt werden. Wie groß die globale Vielfalt ist, zeigt das Buletten-Wörterbuch:

BELGIEN: Ballekes
CHINA: Wan Zi
DEUTSCHLAND: Bulette, Fleischpflanzerl, Frikadelle, Frikos, Klops, Huller, Fleischküchle
DÄNEMARK: Frikadeller
FRANKREICH: Boulette
GRIECHENLAND: Keftedes, Bifteki
INDIEN, PAKISTAN: Kofta
ITALIEN: Polpette
IRAN, ARMENIEN: Kufteh
INDONESIEN: Bakso
JAPAN: Niku Dango, Tsukune, Hanbagu
KROATIEN, BOSNIEN UND HERZEGOWINA, SERBIEN: Ćevapčići
MEXIKO: Albóndigas
NIEDERLANDE: Frikadel, Frikandel, Gehaktbal
ÖSTERREICH: Faschierte Laberln/Laibchen
POLEN: Kotlety Mielony, Klopsy
PORTUGAL: Almôndegas
RUMÄNIEN: Chiftele
RUSSLAND: Frikadelki, Kotleta, Tefteli
SPANIEN: Albondigues
SCHWEIZ: Fleischtätschli, Hacktätschli
SCHWEDEN: Köttbullar, Panbiff
THAILAND: Tod Man Pla, Tod Man Gai, Look Shin Moo
TÜRKEI: Köfte
UNGARN: Fasirozott
USA, VEREINIGTES KÖNIGREICH: Meatballs
VIETNAM: Nem Nuong, Bun Cha, Xíu Mai

KEFTEDES SIND KULT IN GRIECHENLAND.

HACKFLEISCH

DER STOFF, AUS DEM DIE TRÄUME SIND

EINE HANDVOLL GLÜCK!

AUF DIE FRISCHE KOMMT ES AN! Hackfleisch verdirbt leicht. Aber warum ist das so? Wird das Fleisch durch den Wolf gedreht, wird seine Oberfläche vergrößert. Bakterien und andere Mikroorganismen haben mehr Angriffsfläche. Frisches loses Hackfleisch darf nur am Herstellungstag verkauft und sollte auch noch am selben Tag verwendet werden. Im Sommer transportierst Du Hackfleisch am besten in einer Kühltasche. Abgepacktes Hackfleisch ist länger haltbar, da es unter einer keimhemmenden Schutzatmosphäre eingeschweißt ist.

WAS IST DRIN? In Deutschland ist die Herstellung von Hackfleisch und der Umgang damit streng geregelt. Es gilt die sogenannte *Tierische Lebensmittel-Hygieneverordnung*. Laut EU-Vorschrift darf Schweinehack, das meist aus der Brust oder Schulter gewonnen wird, 35 % Fett enthalten. Bei Rinderhack sind es 20 % und bei gemischtem Hack aus Rind und Schwein 30 %. Schabefleisch (Tartar) wird aus sehr magerem Fleisch gewonnen, hat maximal 7 % Fettgehalt und kann auch roh gegessen werden. Wild- und Geflügelhackfleisch darf nach der Aufhebung der *Hackfleischverordnung* nun auch in allen fleischverarbeitenden Betrieben hergestellt und roh verkauft werden. Wenn Du also keinen eigenen Fleischwolf besitzt, bekommst Du mittlerweile bei einem guten Metzger auch ausgefallenere Mischungen.

WORAN ERKENNT MAN GUTES HACKFLEISCH? Leider kannst Du gutes Hackfleisch nicht unbedingt von außen erkennen. Starke Verfärbung und ein unangenehmer Geruch weisen allerdings darauf hin, dass mit dem Fleisch etwas nicht stimmt. Einige Untersuchungen haben ergeben, dass Hackfleisch manchmal mit Keimen belastet ist. Bio-Produkte schneiden allerdings bei Tests immer wieder gut ab. Es schmeckt auch einfach besser. Wer auf Nummer sicher gehen will, macht Hackfleisch selbst oder lässt es sich frisch beim Metzger durchdrehen.

KANN MAN HACKFLEISCH EINFRIEREN? Je frischer man Hackfleisch verwendet, desto besser. Du kannst es auch einfrieren, wenn Du ein paar Regeln beachtest. Nach dem Kauf solltest Du das Hackfleisch sofort einfrieren und dazu aus der Verpackung nehmen und in einen Gefrierbeutel oder ein anderes geeignetes Behältnis füllen. Tiefgefroren bei mindestens -16 Grad ist es maximal 3 bis 4 Monate haltbar. Je höher der Fettgehalt, desto schneller sollte es verbraucht werden. Tipp: Das Fleisch im Beutel flach drücken. Dann friert es schneller und taut auch schneller auf. Beim Auftauen das Hack direkt vom Gefrierschrank in den Kühlschrank legen, denn bei Zimmertemperatur, in der Mikrowelle oder im Wasserbad können sich Keime entwickeln. Übrigens kannst Du auch fertige Buletten einfrieren.

FRISCHES, SCHÖN HELLROSA SCHWEINEHACK.

MACH HACKFLEISCH DRAUS

HACKFLEISCHHERSTELLUNG – TECHNIK UND ROHSTOFFE

Sicherlich ist es viel bequemer, einfach fertiges Hackfleisch im Supermarkt oder beim Metzger zu kaufen. Doch nicht immer bekommt man das Fleisch in der gewünschten Qualität oder Sorte. Möchte man etwa Hackfleisch aus Geflügel- oder Wildfleisch haben, ist das gar nicht so einfach zu bekommen. Ich habe mir deswegen einen ordentlichen Fleischwolf zugelegt, mit dem ich alle gewünschten Fleischsorten verarbeiten kann. Wenn Du auch selbst Hackfleisch herstellen möchtest, solltest Du ein paar Dinge beachten, damit Du ein leckeres Ergebnis erzielst.

SEHR FRISCHES HACKFLEISCH KANN MAN ROH ESSEN!

DER FLEISCHWOLF Ein Fleischwolf muss immer gut gereinigt werden. Am besten säuberst Du alle Teile, die Kontakt mit dem Fleisch hatten, sofort nach dem Gebrauch mit heißem Wasser und Spülmittel. Danach ordentlich mit kaltem Wasser abbrausen, damit keine Spülmittelreste zurückbleiben.
Jeder Fleischwolf hat eine Lochscheibe, durch die das Fleisch durch muss. Damit es richtig flutscht, schmierst Du die Lochscheibe am besten mit etwas Pflanzenöl ein. Auch für die Pflege des Fleischwolfes ist es ratsam, dass Du die Metallteile ab und zu mit Öl einreibst.

FLEISCHSORTEN Buletten kannst Du aus fast allen Fleischsorten herstellen. Am geläufigsten sind sicherlich Rinder- oder Schweinefleisch aus Schulter oder Brust. Aber auch Lamm, Wild, Kaninchen oder Geflügel sind hervorragend geeignet. Für welches Fleisch Du dich entscheidest, ist einfach eine Frage des persönlichen Geschmacks.

FLEISCH RICHTIG VORBEREITEN Bevor Du das Fleisch durch den Wolf jagst, solltest Du es in 3-5 cm kleine Stücke schneiden und alle Sehnen entfernen. Ansonsten verstopft der Fleischwolf leicht, weil sich schwer zu zerkleinernde Teile um die Messer wickeln. Am besten legst Du das Fleisch vorher für einige Zeit ins Tiefkühlfach. Das ist hygienischer, denn im Fleischwolf erhitzt sich das Fleisch schnell durch die mechanische Reibung, Bakterien & Co. vermehren sich dann schneller. Daher auch das fertige Hackfleisch möglichst schnell verarbeiten oder sofort einfrieren.

SEAFOOD-BULETTEN Eine schmackhafte Alternative ist Fisch. Am besten sind festfleischige Sorten, da dann die Buletten nicht so leicht zerfallen. Besonders geeignet sind z. B. Lachs, Seelachs, Zander, Forelle und Rotbarsch. Auch Meeresfrüchte wie Garnelen, Krabben oder Krebse kannst Du zu Buletten verarbeiten. Um den Fisch zu zerkleinern, reicht ein Messer oder eine Küchenmaschine. Wenn Du letztere verwendest, solltest Du allerdings aufpassen, dass der Fisch nicht zu fein wird. Er sollte seine Struktur noch behalten.

DIE ZUTATEN IMMER SORGFÄLTIG VERMENGEN.

SO WIRD'S RUND

BULETTEN RICHTIG ZUBEREITEN

BULETTEN IMMER GLEICHMÄSSIG FORMEN!

HANDARBEIT Hackfleisch zu mischen ist einfach, muss aber mit Hingabe geschehen, damit die Masse bindet und es keine Gewürznester gibt. Ich benutze am liebsten meine Hände. Das gibt das beste Ergebnis und macht Spaß. Wenn Dir das nicht so liegt, nimm einfach eine Gabel.

GUT IN FORM Buletten formst Du am besten mit feuchten Händen, dann bleibt nichts kleben. Du kannst aber auch Plastik- oder Latexhandschuhe anziehen. Außerdem solltest Du alle Buletten gleich groß formen, damit diese gleichmäßig garen.

HYGIENEREGELN Rohes Fleisch sollte nicht in Kontakt mit anderen Lebensmitteln kommen. Geschirr, Geräte und die Hände sollten also nach dem Kontakt gründlich und sehr heiß gereinigt werden. Hackfleisch muss immer gut durchgegart werden, außer es ist extra für den Rohverzehr vorgesehen, wie etwa Tartar.

GARMETHODEN Am häufigsten werden Buletten in der Pfanne mit Pflanzenöl oder in Butterschmalz gebraten. Ob das Fett die richtige Temperatur hat, stellst Du fest, indem Du einen Holzlöffel in das Fett hältst. Wenn sich kleine Bläschen bilden, ist es perfekt.
Außerdem kann man sie im Ofen auf Backpapier oder in einer Form mit Sauce zubereiten.

Eine weitere Möglichkeit ist das Dämpfen, wie zum Beispiel in Asien in einem Bambuskörbchen oder Dämpftopf. Oder man kann Hackbällchen im Topf in einer Sauce oder in Brühe garen.
Besonders für kleine Buletten eignet sich auch die Friteuse. In dieser werden sie rundum braun und knusprig. Prinzipiell gilt: Je größer eine Bulette ist, desto länger muss sie auch gegart werden.

RICHTIG GAREN Zum Braten in der Pfanne etwas Fett erhitzen und die Buletten bei starker Hitze zuerst von einer Seite scharf anbraten. Sobald sich eine schöne braune Kruste gebildet hat, wendest Du die Bulette, reduzierst die Hitze und garst sie unter mehrfachem Wenden fertig. Schwein, gemischtes, Fisch- oder Geflügelhack immer durchgaren. Rinderbuletten kannst Du auch rosa braten. Wenn die Buletten noch überbacken oder in Sauce gekocht werden, nur medium braten, damit sie beim Servieren schön saftig sind.

BESONDERS GEFLÜGELFLEISCH GUT DURCHBRATEN.

KALT UND WARM EIN GENUSS Buletten kannst Du super vorbereiten und dann im Kühlschrank aufbewahren. Zum Servieren sollten Sie allerdings Zimmertemperatur haben, damit sich das Aroma optimal entfaltet. Man kann sie auch einfrieren. Zum Auftauen unbedingt in den Kühlschrank legen, da sich sonst Keime bilden könnten.

OB FLEISCHPFLANZERL, FRIKADELLE, KLOPS ODER LABERL –
IM GESAMTEN DEUTSCHSPRACHIGEN RAUM LIEBT MAN DIE
KLEINE KÖSTLICHKEIT AUS HACKFLEISCH.
GENAUSO VIELSEITIG WIE DIE BEZEICHNUNGEN SIND AUCH DIE
ZUBEREITUNGSARTEN DER FLEISCHBÄLLCHEN.

ICH HABE DEN TRADITIONELLEN BULETTEN EINEN
NEUEN ANSTRICH VERPASST UND DIE BEKANNTEN KLASSIKER
IN MODERNE LECKEREIEN VERWANDELT – DENN AUCH
ALTBEWÄHRTES KANN ÜBERRASCHEN.

FASCHIERTE LABERLN

MIT KRÄUTERSCHMARREN & PARADEISERRÖSTER

8 LABERL
- 1 lätscherte Semmel (altbackenes Brötchen), gewürfelt
- 100 ml Milch
- 1 kleine weiße Zwiebel
- 1 Knoblauchzehe
- 500 g gemischtes Hackfleisch vom Schwein und Rind
- 1 Ei
- 3 TL frischer Majoran, gehackt
- 1/4 TL edelsüßes Paprikapulver
- Salz und schwarzer Pfeffer nach Geschmack
- 6 EL Semmelbrösel zum Panieren
- 1 EL Butterschmalz zum Anbraten

KRÄUTERSCHMARREN
- 250 g Mehl, 1/2 TL Backpulver
- 1/2 TL Salz, 1/4 TL Pfeffer
- 5 Eier, 250 ml Milch
- 100 g Quark (20 % Fett)
- 2 Frühlingszwiebeln
- 1 EL frische glatte Petersilie, gehackt, 1 EL Schnittlauchröllchen, 1 EL frischer Majoran, gehackt
- 1 EL frischer Dill, gehackt
- 2 EL Butterschmalz zum Anbraten

PARADEISERRÖSTER
- 400 g Tomaten (3-4 mittelgroße)
- 2 Prisen Zucker
- 1 Msp. Chilipulver
- 1 Spritzer Zitronensaft
- Pfeffer und Salz nach Geschmack

FÜR DIE LABERLN die Semmelwürfel einige Minuten in der Milch ziehen lassen. In der Zwischenzeit die Zwiebel schälen und fein würfeln, den Knoblauch schälen und reiben. Dann die eingeweichte Semmel mit einer Gabel zerdrücken.
Alle Hackbällchen-Zutaten zu einer gut bindenden Masse verkneten. 8 handtellergroße Laberln formen und von allen Seiten in den Semmelbröseln wenden. Die Panade leicht andrücken.
In einer Pfanne etwas Butterschmalz erhitzen und die Laberln bei starker Hitze zuerst von einer Seite scharf anbraten. Dann wenden, die Temperatur auf mittlere Stufe reduzieren und in 10-12 Minuten unter mehrfachem Wenden durchbraten. Das Bratfett für den Paradeiserröster aufbewahren.

FÜR DEN SCHMARREN das Mehl mit Backpulver, Salz und Pfeffer vermengen und bereitstellen. Die Eier in einer großen Schüssel in 2 Minuten mit einem Handmixer schaumig schlagen. Dann die Milch unterrühren. Anschließend den Quark einarbeiten.
Die Mehlmischung portionsweise behutsam unter die Ei-Masse rühren. Den Teig 10 Minuten quellen lassen. Währenddessen die Frühlingszwiebeln in feine Röllchen schneiden und anschließend zusammen mit allen Kräutern unter den Teig heben.
In einer großen, beschichteten Pfanne 1 EL Butterschmalz erhitzen. Den Teig komplett hineingeben und für 5-6 Minuten bei mittlerer Hitze stocken lassen, bis sich am Boden eine leicht braune Kruste gebildet hat. Nun mit zwei Gabeln den Teig zu mundgerechten Stücken zerpflücken. Den zweiten Löffel Butterschmalz in Flöckchen über den Teigstücken verteilen und diese in 8-10 Minuten rundum schön braun und leicht knusprig braten.

FÜR DEN PARADEISERRÖSTER die Tomaten achteln und das Kerngehäuse und den Strunk herausschneiden. Das Laberl-Bratfett erneut erhitzen, die Tomaten hineingeben, mit dem Zucker bestreuen und dann 1-2 Minuten anbraten, bis sie leicht braun sind. Mit Chili, Zitronensaft, Pfeffer und Salz abschmecken.

ÜBERRASCHUNGSEI-BULETTEN

MIT VERSTECKTEM WACHTELEI & MÖHREN-KARTOFFEL-STAMPF

8 BULETTEN
- 8 hart gekochte Wachteleier
- 500 g gemischtes Hackfleisch vom Rind und Schwein
- 5 EL Semmelbrösel
- 1 Ei
- 2 TL mittelscharfer Senf
- 3-4 EL frische glatte Petersilie, gehackt
- 1/2 TL edelsüßes Paprikapulver
- 2 Msp. Muskatnuss, gerieben
- je 1/4 TL Salz und schwarzer Pfeffer
- 1-2 EL Butterschmalz zum Anbraten

KARTOFFEL-STAMPF
- 700 g mehligkochende Kartoffeln
- 3 kleine Möhren
- 100 ml Milch oder Sahne
- 2 TL Butter
- 2-3 Msp. Muskatnuss, gerieben
- Salz und schwarzer Pfeffer nach Geschmack

SAUCE
- 250 ml trockener Weißwein
- 2 TL Honig
- 4 EL Schmand
- 2 TL Tafelmeerrettich
- 1 Msp. Muskatnuss, gerieben
- Salz und schwarzer Pfeffer nach Geschmack
- 2 EL Schnittlauchröllchen

FÜR DIE BULETTEN die Wachteleier schälen und beiseitelegen. Alle anderen Zutaten in einer Schüssel zu einer gut bindenden Masse verkneten und diese in 8 Portionen aufteilen. Zum Füllen der Bulettchen jeweils eine Portion in der Hand leicht flach drücken, ein Wachtelei in die Mitte geben, mit der Fleischmasse ummanteln und eine Bulette formen. In einer Pfanne etwas Butterschmalz erhitzen und die Bulettchen zunächst bei starker Hitze von einer Seite scharf anbraten. Sobald sich eine leichte braune Kruste gebildet hat, wenden und die Temperatur auf mittlere Stufe reduzieren. Die Buletten in 10-12 Minuten unter mehrfachem Wenden durchbraten.

FÜR DEN MÖHREN-KARTOFFEL-STAMPF die Kartoffeln und Möhren schälen und in Würfel schneiden. Beides zusammen in einem Topf in Salzwasser weich kochen. Dann abgießen, sofort zurück in den Topf geben und mit einem Kartoffelstampfer zu einem Brei zerdrücken. Milch und Butter hinzugeben und gut umrühren. Sollte der Stampf zu fest sein, noch etwas mehr Milch hinzugeben. Den Stampf bei Bedarf vorsichtig nochmals erwärmen und mit Muskat, Salz und Pfeffer abschmecken.

FÜR DIE SAUCE den Weißwein in einem kleinen Topf 5 Minuten bei mittlerer Hitze offen köcheln lassen. Dann Honig, Schmand, Meerrettich und Muskat hinzugeben und mit Salz und Pfeffer abschmecken. Kurz vor dem Servieren die Schnittlauchröllchen unterrühren.

DIE KLEINEN EIER DER WACHTELN SCHMECKEN INTENSIVER ALS DIE IHRER GROSSEN VERWANDTEN UND BRAUCHEN 5 MINUTEN, BIS SIE HART GEKOCHT SIND.

BROTZEITBURGER

BREZNPFLANZERL MIT RADIESCHENRELISH AUF RÖSTBROT MIT SENFFRISCHKÄSE

12 FLEISCHPFLANZERL
- 1 trockene Brezn (altbackenes Laugengebäck), klein gewürfelt
- 100 ml Milch
- 1 kleine Zwiebel
- 500 g gemischtes Hackfleisch vom Schwein und Rind
- 1 Ei
- 2 TL süß-scharfer Senf (z. B. Kremser Art)
- 1/2 TL Paprikapulver
- 2 EL frischer Majoran, gehackt
- Salz und schwarzer Pfeffer nach Geschmack
- 1 EL Butterschmalz zum Anbraten

RELISH
- 1 Bund Radieschen (ca. 250 g) mit Grün
- 2 EL Weißweinessig oder weißer Aceto Balsamico
- 1 EL Rapsöl
- 1 TL Zucker
- 2 EL Schnittlauchröllchen, gehackt
- Salz und schwarzer Pfeffer nach Geschmack

UND
- 200 g Doppelrahm-Frischkäse
- 2 TL süß-scharfer Senf (z. B. Kremser Art)
- 4 dicke Scheiben Bauernbrot

FÜR DIE BREZNPFLANZERL die Breznwürfel für 3-5 Minuten in der Milch einweichen. Währenddessen die Zwiebel schälen und fein würfeln. Die eingeweichte Brezn ausdrücken und in einer Schüssel mit allen anderen Zutaten zu einer gut bindenden Masse verkneten. 12 kleine Fleischpflanzerl formen.
In einer Pfanne etwas Butterschmalz heiß werden lassen und die Frikadellen zunächst bei starker Hitze von einer Seite scharf anbraten. Sobald sich eine leichte braune Kruste gebildet hat, die Pflanzerl wenden und die Temperatur auf mittlere Stufe reduzieren. In 10-12 Minuten unter mehrfachem Wenden durchbraten.

FÜR DAS RADIESCHENRELISH die Radieschen putzen und in etwa 0,5 × 0,5 cm kleine Würfel schneiden. Das Radieschengrün waschen und fein hacken. Die Radieschenwürfel und eine Handvoll gehacktes Grün in einer Schüssel mit Weißweinessig, Rapsöl, Zucker und Schnittlauch marinieren und mit Salz und Pfeffer abschmecken.

ZUM SERVIEREN den Frischkäse mit Senf vermischen. Die Brotscheiben im Toaster rösten und großzügig mit dem Senfkäse bestreichen. Jedes Brot mit je 3 Fleischpflanzerln und einigen Esslöffeln Relish belegen.

RADIESCHENGRÜN SCHMECKT SEHR WÜRZIG, ÄHNLICH WIE RUCOLA, UND ERGIBT MIT NÜSSEN, ALTEM BERGKÄSE UND ÖL AUCH EIN SEHR LECKERES PESTO.

KÜRBISBULETTEN

MIT WEISSE-BOHNEN-PÜREE UND APFEL-ZWIEBEL-MARMELADE

12 BULETTEN
- 1 olle Schrippe (altbackenes Brötchen), klein gewürfelt
- 100 ml Milch
- 200 g Hokkaidokürbis, geputzt, mit Schale, ohne Kerne
- 500 g gemischtes Hackfleisch vom Rind und Schwein
- 1 Ei
- 2 Msp. Muskatnuss, gerieben
- 4 Msp. Zimt
- 1/4-1/2 TL Chiliflocken
- Salz und schwarzer Pfeffer nach Geschmack
- Butterschmalz zum Anbraten

BOHNENPÜREE
- 500 g mehligkochende Kartoffeln
- 500 g weiße Bohnen aus der Dose
- 3 TL frischer Thymian, gehackt
- 2-3 EL Olivenöl
- 1 TL Zitronensaft
- Salz und schwarzer Pfeffer nach Geschmack

ZWIEBEL-MARMELADE
- 3 mittelgroße rote Zwiebeln
- 1 Apfel
- 100 ml Weißwein
- 4 TL brauner Zucker
- 1 TL grober Dijonsenf
- Salz und schwarzer Pfeffer nach Geschmack
- 1 EL Olivenöl zum Anbraten

FÜR DIE KÜRBISBULETTE die Schrippe 3-5 Minuten in der Milch einweichen. Währenddessen den Kürbis mit der groben Seite einer Küchenreibe zerkleinern. Die eingeweichte Schrippe ausdrücken und in einer Schüssel mit den restlichen Zutaten zu einer gut bindenden Hackmasse verkneten. 12 Buletten formen.

In einer Pfanne etwas Butterschmalz erhitzen und die Buletten zunächst bei starker Hitze von einer Seite scharf anbraten. Sobald sich eine leichte braune Kruste gebildet hat, wenden und die Temperatur auf mittlere Stufe reduzieren. In 10-12 Minuten unter mehrfachem Wenden durchbraten.

FÜR DAS PÜREE die Kartoffeln schälen, in circa 5 × 5 cm große Würfel schneiden und in Salzwasser weich kochen. Abgießen, gut abtropfen lassen und noch heiß in eine Schüssel geben. Die Dosenbohnen gut abtropfen lassen und zu den Kartoffeln geben.
Mit einem Kartoffelstampfer alles zu einer homogenen Masse zerkleinern. Alle weiteren Zutaten unterrühren. Das Püree bei Bedarf vorsichtig bei kleiner Hitze nochmals erwärmen, da es leicht anbrennt.

FÜR DIE MARMELADE die Zwiebeln schälen und mittelfein würfeln. Den Apfel schälen, entkernen und wie die Zwiebelwürfel schneiden. Die Zwiebeln im Olivenöl glasig andünsten, dann die Äpfel kurz mitschwenken. Anschließend mit dem Weißwein ablöschen, Zucker und Senf einrühren und die Flüssigkeit vollständig einkochen lassen. Die fertige Marmelade mit Salz und Pfeffer abschmecken.

HOKKAIDOKÜRBISSE LEUCHTEN WUNDERBAR ORANGE, SCHMECKEN NUSSIG UND ETWAS NACH ESSKASTANIEN UND MAN BRAUCHT SIE NOCH NICHT EINMAL SCHÄLEN.

KULINARISCHE »VÖLKERVERSTÄNDIGUNG«

BERLINER BULETTE MIT SCHWÄBISCHEM KARTOFFELSALAT

KARTOFFELSALAT
- 1,5 kg festkochende Kartoffeln
- 250 ml Gemüsebrühe oder -fond
- 1 mittelgroße Zwiebel
- 5 EL Weißweinessig
- 5 EL neutrales Pflanzenöl (z. B. Raps- oder Sonnenblumenöl)
- 2 TL Zucker
- 1-2 TL mittelscharfer Senf
- schwarzer Pfeffer und Salz nach Geschmack
- 2-3 Frühlingszwiebeln (Schluppen)

12 BULETTEN
- 1 olle Schrippe (altbackenes Brötchen), gewürfelt
- 75 ml Milch
- 500 g gemischtes Hackfleisch vom Rind und Schwein
- 2 Eier
- 2 TL mittelscharfer Senf
- 3-4 EL glatte Petersilie, gehackt
- 1/2 TL edelsüßes Paprikapulver
- 2 Msp. Muskatnuss, gerieben
- je 1/4 TL Salz und schwarzer Pfeffer
- 1-2 EL Butterschmalz zum Anbraten

FÜR DEN KARTOFFELSALAT die Kartoffeln mit Schale in 15-25 Minuten bissfest kochen. Kurz ausdampfen lassen. In der Zwischenzeit für das Dressing in einem Topf 250 ml Gemüsebrühe oder -fond erhitzen. Währenddessen die Zwiebel schälen, fein würfeln und in der heißen Brühe 2-3 Minuten gar ziehen lassen. Dann den Topf vom Herd nehmen und Weißweinessig, Öl, Zucker und Senf einrühren.
Die noch möglichst heißen Kartoffeln schälen, in circa 0,5 cm dicke Scheiben schneiden und in eine Salatschüssel geben. Das heiße Dressing darübergießen, Kartoffeln und Brühe nur vorsichtig vermengen und dann mindestens 1 Stunde mit einem Tuch abgedeckt ziehen lassen. So wird er, schwäbisch ausgedrückt, »schee schlonzig«. Vor dem Servieren gut durchmischen und mit Pfeffer und Salz abschmecken. Die Frühlingszwiebeln in feine Ringe schneiden und mit dem Salat vermengen.

FÜR DIE BULETTEN die Schrippe in einer großen Schüssel einige Minuten in der Milch einweichen, dann mit einer Gabel zerdrücken. Das Hackfleisch, die Eier, Senf, Petersilie und alle Gewürze dazugeben und zu einer gut bindenden Masse verkneten.
In einer Pfanne etwas Butterschmalz erhitzen. 12 Buletten formen und bei starker Hitze zunächst von einer Seite scharf anbraten. Sobald sich eine leichte braune Kruste gebildet hat, wenden und die Temperatur auf mittlere Stufe reduzieren. In circa 10 Minuten unter mehrfachem Wenden durchbraten.

ANGEBLICH KOMMT DAS KASSLER JA AUS BERLIN. WIE AUCH IMMER, EIN KLASSIKER DER HAUSMANNSKOST IST ES ÜBERALL. GRUND GENUG FÜR EINE EIGENE BULETTE.

BERLINER HAUSMANNSKLOPSE

KASSLERBULETTEN
MIT MANGOLD-KARTOFFEL-PFANNE & MEERRETTICHCREME

12 BULETTEN
- 1 olle Schrippe (altbackene Semmel), gewürfelt
- 100 ml Milch
- 1 Frühlingszwiebel
- 200 g Kassler-Aufschnitt
- 500 g Schweinehackfleisch
- 1 Ei
- 1 TL Senf
- 3 EL frischer Majoran, gehackt
- 2 Msp. Muskatnuss, gerieben
- 1/4 TL Paprikapulver
- Salz und schwarzer Pfeffer nach Geschmack
- 1-2 EL Butterschmalz zum Anbraten

MANGOLD-KARTOFFEL-PFANNE
- 600 g Drillingskartoffeln
- 500 g frischer Mangold
- 1 rote Zwiebel
- 2 Msp. Chiliflocken
- 2 Msp. Muskatnuss, gerieben
- 50 ml trockener Weißwein
- 1 EL frische glatte Petersilie, gehackt
- 1 Spritzer Zitrone
- Salz und schwarzer Pfeffer nach Geschmack

MEERRETTICHCREME
- 200 g Crème fraîche
- 2 EL fettarmer Joghurt (1,5 % Fett)
- 2 TL Tafelmeerrettich
- 1 Spritzer Zitronensaft
- 1 Prise Zucker

FÜR DIE BULETTEN die Schrippe 3–5 Minuten in der Milch einweichen. Währenddessen die Frühlingszwiebel putzen und sehr fein hacken. Den Kassler-Aufschnitt in etwa 0,5 × 0,5 cm kleine Stücke schneiden. Die eingeweichte Schrippe ausdrücken und in einer Schüssel mit den Zwiebeln, dem Kassler und allen weiteren Zutaten zu einer gut bindenden Masse verkneten. 12 Buletten formen.
In einer Pfanne etwas Butterschmalz erhitzen und die Frikadellen zunächst bei starker Hitze von einer Seite scharf anbraten. Sobald sich eine leichte braune Kruste gebildet hat, die Buletten wenden und die Temperatur auf mittlere Stufe reduzieren. In 10–12 Minuten unter mehrfachem Wenden durchbraten. Das Bratfett für die Mangold-Kartoffel-Pfanne aufbewahren.

FÜR DIE MANGOLD-KARTOFFEL-PFANNE die Kartoffeln gut abbürsten, sie werden mit Schale gegessen, und in circa 10–15 Minuten in Salzwasser weich kochen. In der Zwischenzeit den Mangold waschen. Das Grün von den dicken Mittelrippen lösen und in 2–3 cm breite Streifen schneiden. Die Stiele leicht schräg in 3–4 cm lange Stücke schneiden. Die Zwiebel schälen, achteln und dann mit den Händen die Zwiebelschichten voneinander lösen. Die Kartoffeln abgießen, kurz ausdampfen lassen und ungeschält halbieren.
Das Bulettenfett erneut erhitzen und Zwiebeln, Kartoffeln und die Mangoldstiele goldbraun und knusprig anbraten. Das Gemüse mit Chiliflocken und Muskat würzen, anschließend mit dem Weißwein ablöschen. Nun die Mangoldbätter mit in die Pfanne geben und 2–3 Minuten unter Rühren mitgaren. Zum Schluss die Petersilie unterrühren und die Kartoffelpfanne mit Zitronensaft, Salz und Pfeffer abschmecken.

FÜR DIE MEERRETTICHCREME alle Zutaten in einer Schüssel zu einer glatten Creme verrühren.

DER HIMMEL AUF ERDEN

BLUTWURSTBULETTEN
MIT PFEFFER-HASSELBACK-KARTOFFELN & APFEL-SAUERKRAUT-SCHAUM

12 BULETTEN
- 1 olle Schrippe (altbackenes Brötchen), gewürfelt
- 100 ml Milch
- 1 kleine rote Zwiebel
- 500 g Schweinehackfleisch
- 1 Ei
- 2 EL frischer Majoran, gehackt
- 1 TL mittelscharfer Senf
- 1 Msp. Cayennepfeffer
- 150 g feine gebrühte Blutwurst
- 2 EL Butterschmalz zum Anbraten

KARTOFFELN
- 1 kg dünnschalige rote Kartoffeln, z. B. Cheyenne
- 4-5 EL Olivenöl
- Meersalz und schwarzer, hochwertiger Pfeffer (z. B. Kampot-Pfeffer) nach Geschmack
- Backblech mit Backpapier

SAUCE
- 1 Schalotte
- 1 säuerlicher Apfel
- 100 ml Weißwein
- 150 ml Sauerkrautsaft + 3-4 EL zum Binden
- 200 ml Sahne
- ca. 2 TL Speisestärke
- Salz und Pfeffer nach Geschmack
- 1 EL Rapsöl zum Braten

FÜR DIE BULETTEN die Brötchenwürfel 3-5 Minuten in Milch einweichen. Währenddessen die Zwiebel schälen und fein würfeln. Die Brötchen ausdrücken und alle Zutaten bis auf die Blutwurst zu einer gut bindenden Masse verkneten. Die Blutwurst in ca. 0,5 × 0,5 cm kleine Würfel schneiden und unter die Hackmasse mischen. 12 Buletten formen.
Das Butterschmalz in einer Pfanne erhitzen. Die Buletten zunächst bei starker Hitze auf einer Seite anbraten. Sobald sich eine leichte braune Kruste gebildet hat, die Temperatur etwas reduzieren und die Buletten unter mehrfachem Wenden in etwa 10 Minuten durchbraten.

FÜR DIE KARTOFFELN den Backofen auf 220 °C Ober-/Unterhitze vorheizen. Die Kartoffeln waschen und dann vorsichtig der Länge nach quer jeden Millimeter tief ein-, aber nicht ganz durchschneiden, sodass eine Art Fächer entsteht. Mit der geschlossenen Seite nach unten auf ein Backblech mit Backpapier legen und 25-30 Minuten backen. Dann großzügig mit Olivenöl einpinseln, sodass es in die Fächeröffnungen fließt, mit Salz und reichlich Pfeffer bestreuen und noch 1 Stunde weiterbacken, bis sie sehr knusprig sind.

FÜR DEN APFEL-SAUERKRAUT-SCHAUM die Schalotte würfeln. Den Apfel schälen, entkernen und in circa 0,5 × 0,5 cm kleine Stücke schneiden. In einem Topf die Schalotten in Rapsöl glasig andünsten, dann den Apfel kurz mitschwenken. Anschließend mit Weißwein ablöschen. Zum Schluss den Sauerkrautsaft hinzugeben und die Sauce 10 Minuten bei mittlerer Hitze offen um etwa 1/3 einkochen lassen.
Die Sauce mit einem Stabmixer fein pürieren, dann die Sahne einrühren. Zum Binden die Stärke mit 3-4 EL Sauerkrautsaft glatt rühren und dann mit dem Schneebesen in die nicht mehr kochende Sauce einarbeiten. Diese anschließend kurz aufkochen lassen, bis sie sämig wird. Sollte die Sauce nicht dick genug sein, noch mehr aufgelöste Stärke einarbeiten. Mit Salz und Pfeffer abschmecken. Zum Schluss die Sauce mit dem Stabmixer aufschäumen.

KÖNIGSBERGER KLÖPSCHEN TO GO

MIT FRITTIERTEN KAPERN & ROTE-BETE-CHIPS

20 KLÖPSCHEN
- 1 olle Schrippe (altbackenes Brötchen), 75 ml Milch, 3 TL Kapern
- 6 Sardellenfilets, gut abgetropft
- 2 kleine oder 1 große Schalotte
- 250 g Rinderhackfleisch,
- 250 g Kalbshackfleisch, 1 Ei
- 3-4 TL frischer Thymian, gehackt
- 4-5 TL frische glatte Petersilie, gehackt, 4 EL Semmelbrösel
- 1 TL mittelscharfer Senf
- 1/2 TL edelsüßes Paprikapulver
- Abrieb von 1 Bio-Zitrone
- 1/4 TL Zucker
- je 1/4 TL Salz und Zitronenpfeffer

KLOPSSUD
- 3-4 l Wasser, 3-4 frische oder getrocknete Lorbeerblätter,
- 6-8 Wacholderbeeren, 1 TL schwarze Pfefferkörner, 1 Zitronenscheibe,
- 2 TL Salz, 200 ml Weißwein

SAUCE
- 2 kleine oder 1 große Schalotte
- 300 ml Klopssud, 2 EL Weißweinessig, 1-2 TL Zitronensaft,
- 3 EL Kapernsud, 2 EL Mehl
- 200 ml Sahne, 3-4 EL Kapern
- Salz und Pfeffer nach Geschmack
- 2 EL Olivenöl zum Anbraten

CHIPS
- 150 g frische Rote Bete, 2 EL Olivenöl
- Meersalz und schwarzer Pfeffer nach Geschmack, Backpapier

UND
- 4 EL Kapern, 100 ml Pflanzenöl
- 700-800 g gekochte Kartoffeln in Scheiben, Kartoffelbrei oder Reis
- 4 mittelgroße Weckgläser

FÜR DIE KLÖPSCHEN das Brötchen würfeln und 3-5 Minuten in Milch einweichen. Währenddessen die Kapern und die Sardellen fein hacken. Die Schalotten schälen und fein würfeln. Alle Zutaten zu einer gut bindenden Masse verkneten. 20 Klöpschen formen.

ZUM KOCHEN alle Sud-Zutaten in einem großen Topf aufkochen. Dann die Temperatur reduzieren, bis die Flüssigkeit nur noch leicht wallt. Nun vorsichtig die Klopse einlegen und 15 Minuten gar ziehen lassen - der Sud darf nicht kochen. Die fertigen Klopse mit einem Schaumlöffel herausnehmen und beiseitelegen. Mindestens 300 ml Sud aufbewahren.

FÜR DIE SAUCE die Schalotten fein würfeln und in einem Topf im Olivenöl glasig andünsten. Mit 300 ml Klopssud ablöschen. Dann den Weißweinessig, Zitronensaft und Kapernsud hinzugeben. Zum Binden das Mehl mit etwas Klopssud glatt rühren und mit einem Schneebesen in die Sauce einarbeiten. Nochmals aufkochen lassen, bis sie eindickt. Zum Schluss Sahne und Kapern hinzugeben und mit Salz und Pfeffer abschmecken. Dann die Klopse wieder einlegen.

FÜR DIE ROTE-BETE-CHIPS den Backofen auf 150 °C Ober-/Unterhitze vorheizen. Die Rote Bete waschen und mit Handschuhen - Rote Bete färbt ab - in circa 1 mm dünne Scheiben schneiden oder hobeln. Gut mit Olivenöl mischen. Backpapier auf ein Ofenrost legen und die Scheiben nebeneinander darauf verteilen. In circa 50 Minuten sehr knusprig backen. Mit Meersalz und Pfeffer würzen.

ZUM SERVIEREN die Kapern mit Küchenrolle abtrocknen. Das Pflanzenöl in einem kleinen Topf erhitzen, bis an einem hineingehaltenen Holzkochlöffel Bläschen aufsteigen. Die Kapern in wenigen Minuten knusprig frittieren. Auf etwas Küchenrolle abtropfen lassen.
Als erste Schicht in die Weckgläser gekochte Kartoffelscheiben, Kartoffelbrei oder Reis geben. Dann die Klopse einfüllen und mit den frittierten Kapern bestreuen. Dazu die Chips servieren.

Praktisches kann so schön sein! Die Klopse können bei Bedarf – zum Beispiel im Büro – in den Gläschen mit Deckel im Wasserbad erhitzt werden.

SCHWEIZER HACKTÄTSCHLI

RÜBLIBULETTEN MIT ÄLPERMAGRONEN & APFELKOMPOTT

12 HACKTÄTSCHLI
- 2 Scheiben Brüüt (Mehrkorntoast)
- 1 weiße Zwiebel
- 1 kleine Rübli (Möhre)
- 500 g gemischtes Hackfleisch vom Schwein und Rind
- 1 Ei
- 1 EL frische Petersilie, gehackt
- Salz und Pfeffer nach Geschmack
- 1-2 EL Butterschmalz zum Anbraten

ÄLPERMAGRONEN
- 400 g festkochende Kartoffeln
- 300 g Hörnli-Nudeln
- 200 g Gruyere (oder anderer würziger Bergkäse)
- 200 g Sahne
- 2 Msp. Muskatnuss, gerieben
- Salz und Pfeffer nach Geschmack
- 1 weiße Zwiebel
- 1 EL frische glatte Petersilie, gehackt

APFELKOMPOTT
- 2 süßlich-saure Äpfel
- 100 ml Wasser
- 1-2 Spritzer Zitronensaft
- 3 EL Zucker
- 1 Msp. Muskatnuss, gerieben
- 4 Nelken
- 2 Kardamomkapseln
- 1 Prise Salz

FÜR DIE HACKTÄTSCHLI das Toastbrot fein zerbröseln, die Zwiebel schälen und fein würfeln. Die Möhre schälen und mit einer Küchenreibe fein raspeln. Alle Zutaten in einer Schüssel zu einer gut bindenden Masse verkneten und mit Salz und Pfeffer abschmecken. 12 Buletten formen. In einer Pfanne etwas Butterschmalz erhitzen und die Hacktätschli zunächst bei starker Hitze von einer Seite scharf anbraten. Sobald sich eine leichte braune Kruste gebildet hat, wenden und die Temperatur auf mittlere Stufe reduzieren. In 10-12 Minuten unter mehrfachem Wenden durchbraten. Das Bratfett aufbewahren.

FÜR DIE ÄLPERMAGRONEN die Kartoffeln schälen und in mundgerechte Stücke schneiden. In Salzwasser weich kochen. Gleichzeitig die Nudeln nach Packungsanweisung in Salzwasser bissfest kochen. Nudeln und Kartoffeln abgießen und gut abtropfen lassen.
Während Nudeln und Kartoffeln kochen, den Käse fein reiben und den Backofen auf 200 °C Ober-/Unterhitze vorheizen. Die Sahne in einem kleinen Topf erwärmen. Mit Muskat, Salz und Pfeffer abschmecken. Die Hälfte des Käses in der warmen Sahne schmelzen.
Die Nudeln und die Kartoffeln in eine Auflaufform geben und gleichmäßig mit der Sahne-Käse-Mischung übergießen. Den restlichen Käse darüberstreuen. Die Älpermagronen in etwa 20 Minuten im Ofen goldbraun überbacken.
Zum Servieren die Zwiebel schälen, in dünne Scheiben schneiden und im Bratfett braun anbraten. Auf die fertigen Älpermagronen geben. Petersilie darüberstreuen.

FÜR DAS KOMPOTT die Äpfel schälen und in kleine Würfel schneiden. Mit allen weiteren Zutaten in einem Topf ohne Deckel etwa 15 Minuten kochen, bis die Äpfel weich sind und die Flüssigkeit verdampft ist. Vor dem Servieren Nelken und Kardamomkapseln entfernen.

FRANKFURTER GRÜNE SOSSE

Die Kräuter waschen, trockenschleudern und fein hacken. Die Eier pellen und ebenfalls hacken.

Alle Zutaten in einer Schüssel zu einer homogenen Soße verrühren. Mit Salz und Pfeffer abschmecken.

Tipp: Da man die Kräuter für die Grüne Soße nicht immer bekommt, kannst Du sie auch auf Vorrat einfrieren. Dazu die Kräuter fein hacken und in einen Gefrierbeutel füllen.

ZUTATEN FÜR 4 PERSONEN

1 Bund Kräuter für grüne Sauce: Petersilie, Kerbel, Pimpernelle, Schnittlauch, Borretsch, Sauerampfer, Dill (jeweils ca. 25 g)
3 hart gekochte Eier
1 TL mittelscharfer Senf
200 g Schmand
300 g Joghurt (3,5 % Fett)
200 g saure Sahne
Salz und Pfeffer nach Geschmack

BULETTEN KURIOSITÄTEN

DER KOMPONIST KURT WEILL SCHRIEB 1925 DAS *KLOPSLIED* FÜR ZWEI PICCOLO-FLÖTEN UND EIN FAGOTT. DER TEXT STAMMT VON EINEM ALTEN GEDICHT IN BERLINER DIALEKT: »ICK SITZE DA UND ESSE KLOPS. UFF EENMAL KLOPPT'S (...)«.

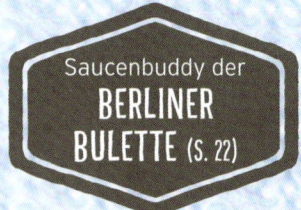

HENRIETTES BULETTEN SENF

Das Wasser und den Essig in einem großen Topf kurz aufkochen lassen. Anschließend vom Herd nehmen und den Zucker, den Honig und das Salz in der heißen Flüssigkeit auflösen. Auf handwarme Temperatur abkühlen lassen.

In das lauwarme gewürzte Wasser zuerst das Senfpulver mit einem Schneebesen einrühren, bis keine Klümpchen mehr zu sehen sind. Abschließend die Senfkörner unterrühren.

Den Senf in sterilisierte Schraubgläser abfüllen. Er ist ca. 6 Monate haltbar.

ZUTATEN
FÜR CA. 10–12 MITTELGROSSE GLÄSER

800 ml Wasser

600 ml Weißweinessig

450 g Zucker

3-4 EL Honig

50 g Salz

500 g gelbes Senfmehl

500 g braune Senfkörner

BULETTEN GEHEN IMMER UND ÜBERALL –
NICHT NUR AM HEIMISCHEN ESSTISCH, SONDERN AUCH UNTERWEGS
SIND HACKBÄLLCHEN EIN GAUMENSCHMAUS.

OHNE BESTECK UND KLECKERFREI KOMMEN MEATBALLS UND CO.
IM BRÖTCHEN, FLADEN, WRAP ODER AM SPIESS ZUM DRINK DAHER.
WER MÖCHTE, KANN SEIN STREETFOOD NATÜRLICH AUCH
GEMÜTLICH ZU HAUSE VOR DEM FERNSEHER AUF DEM SOFA GENIESSEN.
ABER AUCH HIER GILT: MESSER UND GABEL SIND VERBOTEN!

HUMMUS ISST MAN TRADITIONELL ZU FALAFEL, ES SCHMECKT ABER AUCH ZU FLEISCHIGEN BÄLLCHEN. WER MAG, KANN NOCH 1–2 ZEHEN KNOBLAUCH UNTERMISCHEN.

BULETTEN-DÖNER

ORIENTALISCHE FLEISCHBÄLLCHEN IM FLADENBROT MIT FEIGEN-MINZE-JOGHURT & HUMMUS

12 HACKBÄLLCHEN
- 3-4 Knoblauchzehen, 500 g Rinderhackfleisch, 1 Ei, 2 TL Honig,
- 5 EL Semmelbrösel, 2-3 EL frisches Koriandergrün, gehackt, 2-3 EL frische glatte Petersilie, gehackt,
- 1 EL frische Pfefferminze, gehackt
- 1/2 TL edelsüßes Paprikapulver
- 1/2 TL Pul Biber, 1/4 TL Piment, gemahlen, 2 TL Cumin (Kreuzkümmel), gemahlen, 1/4 TL Chilipulver
- 1/4 TL Zimt, 2 Msp. Muskatnuss, gerieben, je 1/4 TL Salz und schwarzer Pfeffer
- neutrales Pflanzenöl zum Anbraten

FEIGEN-JOGHURT
- 80 g getrocknete Feigen
- 3 Zweige frische Minze
- 250 g Joghurt (10 % Fett)
- Abrieb von 1/2 Bio-Zitrone
- 1-2 Spritzer Zitronensaft
- Salz und Pfeffer nach Geschmack

HUMMUS
- 500 g gekochte Kichererbsen (aus der Dose oder selbst gekocht)
- 1-2 Knoblauchzehen, 3 EL Joghurt (3,5 % Fett), 3 EL Olivenöl, Saft von 1/2 Zitrone, 4 TL Tahini (Sesampaste)
- 1 TL Honig, 1/4 TL edelsüßes Paprikapulver, 1/2 TL Cumin (Kreuzkümmel), gemahlen
- 1/2 gestrichener TL Salz, 3 Prisen schwarzer Pfeffer

UND
- 1/2 Salatgurke
- 2 Handvoll Mischsalat
- 2 Mini-Fladenbrote

FÜR DIE HACKBÄLLCHEN den Knoblauch schälen und fein reiben. Alle Zutaten in einer Schüssel zu einer gut bindenden Masse verkneten. 12 Bällchen formen.
Das Öl in einer Pfanne erhitzen und die Hackbällchen in 10-12 Minuten zuerst bei starker, dann bei mittlerer Hitze von allen Seiten knusprig anbraten.

FÜR DEN FEIGEN-MINZE-JOGHURT die Feigen klein schneiden und die Minze fein hacken. Alle Zutaten zu einer glatten Creme verrühren. Mit Salz und Pfeffer abschmecken.

FÜR DAS HUMMUS die Kichererbsen abgießen, gut abtropfen lassen und anschließend mit einem Stabmixer fein zerkleinern, sodass eine sämige Masse entsteht. Den Knoblauch schälen, fein reiben und zusammen mit den anderen Zutaten zum Kichererbsenmus geben. Alles mit dem Stabmixer zu einem cremigen Dip mixen. Sollte das Hummus zu fest sein, einfach noch etwas mehr Joghurt hinzugeben.

ZUM SERVIEREN die Gurke längs halbieren, mit einem Löffel entkernen und anschließend in schmale Stifte schneiden. Den Salat waschen und trockenschleudern.
Die Fladenbrote halbieren und aufschneiden. Die oberen und unteren Schnittflächen mit Hummus bestreichen. Die unteren Brothälften mit Gurke, Salat und Fleischbällchen belegen und etwas Joghurtsauce darübergeben. Deckel drauf und genießen.

CROSSOVER-KOKOSBÄLLCHEN

PUTEN-KRABBEN-BULETTEN MIT CHIPOTLE-LIMETTEN-MAYO

28 HACKBÄLLCHEN
- 1 walnussgroßes Stück frischer Ingwer
- 2 Knoblauchzehen
- 1 Stange Lemongrass
- 1 Frühlingszwiebel
- 200 g Garnelen (ohne Schale)
- 500 g Putenhackfleisch
- 3 EL Semmelbrösel
- 2 EL Kokosflocken
- 1 Ei
- 2 TL Fischsauce
- 1 Msp. Chilipulver
- 2 Prisen Salz
- 50 g Kokosflocken zum Panieren
- 1 l Pflanzenöl zum Frittieren

MAYONNAISE
- 5 EL Mayonnaise, selbst gemacht (→ S. 123) oder gekauft
- 100 g Joghurt (3,5 % Fett)
- 1/2 TL Chipotles (geräucherte Jalapeños), gemahlen
- Abrieb von 1 Bio-Limette
- Saft von 1/2 Limette
- Salz und Pfeffer nach Geschmack

FÜR DIE HACKBÄLLCHEN den Ingwer und den Knoblauch schälen und fein reiben. Vom Lemongrass den Strunk und das Ende abschneiden, den Rest ebenfalls fein reiben. Die Frühlingszwiebel sehr fein hacken.
Die Garnelen sehr gut abtrocknen und in einem Blitzhacker fein zerkleinern. Mit dem Putenhackfleisch und allen anderen Zutaten in eine Schüssel geben und zu einer gut bindenden Masse verkneten. Mit feuchten Händen 28 kleine Bällchen formen und diese in den Kokosflocken panieren. Zum Frittieren in einem mittelgroßen Topf das Pflanzenöl erhitzen. Die richtige Temperatur ist erreicht, wenn sich an einem hineingehaltenen Holzkochlöffel Blasen bilden. Dann die Bällchen portionsweise mit einer Schaumkelle in das Fett gleiten lassen und in 3-4 Minuten knusprig braun frittieren. Aus dem Fett nehmen und auf Küchenpapier abtropfen lassen.

FÜR DIE CHIPOTLE-LIMETTEN-MAYONNAISE alle Zutaten in einer Schüssel glatt rühren.

PARTYBULETTEN MAL GANZ ANDERS: DIESE KARIBISCHE SURF & TURF-VARIANTE EIGNET SICH BESONDERS AUCH ALS AUSSERGEWÖHNLICHES FINGERFOOD.

MEATBALL-SLIDERS
MIT GESCHMOLZENEM SCAMORZA & APFEL-RUCOLA-SALAT

12 MEATBALLS
- 2 Knoblauchzehen
- 500 g Rinderhack
- 1 Ei
- 4 EL Semmelbrösel
- insgesamt 5 TL gehackte, italienische Kräuter (z. B. Basilikum, Thymian, Oregano, Rosmarin, ...)
- je 1/4 TL Pfeffer und Salz

SAUCE
- 3 mittelgroße Schalotten
- 3-4 Knoblauchzehen
- 10 getrocknete Tomaten in Öl
- 1 TL frischer Rosmarin, gehackt
- 1 TL Zucker
- 250 ml Apfelsaft
- 1 kleine Dose Pizzatomaten
- je 1/4 TL Salz und Pfeffer
- 4 EL Olivenöl zum Anbraten

AUSSERDEM
- 1 süß-säuerlicher Apfel
- 100 g Rucola
- Saft von 1/2 Zitrone
- 1 EL Olivenöl
- Salz und Pfeffer nach Geschmack
- 300 g Scamorza (italienischer Räucherkäse)
- 12 Mini-Burgerbrötchen

FÜR DIE MEATBALLS den Knoblauch schälen und fein reiben. Alle Zutaten zu einer gut bindenden Masse verkneten. 12 runde Meatballs formen und bis zur Weiterverarbeitung kühl stellen.

FÜR DIE SAUCE die Schalotten schälen und fein würfeln. Den Knoblauch schälen und in dünne Scheiben schneiden. Die getrockneten Tomaten grob hacken.
Die Schalottenwürfel in einem eher hohen als flachen Topf mit Deckel für später im Olivenöl glasig braten, anschließend den Knoblauch hinzufügen. Nach etwa 1 Minute die getrockneten Tomaten, den Rosmarin und den Zucker hinzufügen und kurz mitbraten.
Die Mischung mit dem Apfelsaft ablöschen und kurz aufkochen lassen. Die Pizzatomaten unterrühren. Die Sauce 15 Minuten bei mittlerer Hitze mit Deckel köcheln lassen, anschließend mit einem Stabmixer fein pürieren und mit Salz und Pfeffer abschmecken.
Die Meatballs in die Sauce geben, sodass sie mit Flüssigkeit bedeckt sind. Den Deckel auf den Topf geben und die Fleischbällchen 20 Minuten sanft köcheln lassen. Die Fleischbällchen zwischendurch einige Male vorsichtig wenden.

ZUM SERVIEREN den Apfel waschen, vierteln, entkernen und in feine Scheiben schneiden. Den Rucola waschen, trockenschleudern und mit den Apfelscheiben in einer Schüssel mit Zitronensaft und Olivenöl mischen. Mit Salz und Pfeffer abschmecken.
Den Scamorza in 12 gleich große Scheiben schneiden, in eine beschichtete Pfanne geben und in 1-2 Minuten schmelzen. Gleichzeitig die Burgerbrötchen toasten. Auf die Böden der 12 Burgerbrötchen jeweils 1 Meatball mit Sauce geben, darüber je 1 Scheibe geschmolzenen Scamorza und etwas Rucola-Apfel-Salat geben. Deckel drauf und reinbeißen.

DÜRÜM DELUXE

ROTE-BETE-BULETTEN MIT MOHN-ZITRONEN-SAUCE & GRANATAPFEL

12 BULETTEN
- 1 Schalotte
- 1 Scheibe Weizentoastbrot
- 3 cm frischer Ingwer
- 300 g frische Rote Bete
- 400 g Rinderhackfleisch
- 1 Ei
- 6 EL Semmelbrösel
- 2 TL grober Dijonsenf
- 1 TL Honig
- 3 TL frischer Thymian, gehackt
- Salz und schwarzer Pfeffer nach Geschmack
- 4 EL Pflanzenöl zum Anbraten

SAUCE
- 200 g Schmand
- 2 EL Mayonnaise, selbst gemacht (→ S. 123) oder gekauft
- Abrieb von 1 Bio-Zitrone
- Saft von 1/2 Zitrone
- 4 EL Mohn
- 2 EL Joghurt (1,5 % Fett)

UND
- 1 Granatapfel
- 2-3 Handvoll Mischsalat
- 4 große Wrap-Fladen

FÜR DIE BULETTEN die Schalotte schälen und in feine Würfel schneiden. Das Toastbrot fein zerbröseln. Den Ingwer schälen und fein reiben. Die Rote Bete schälen – dabei unbedingt Handschuhe tragen – und dann mit der groben Seite einer Küchenreibe raspeln. Alle Zutaten in einer Schüssel zu einer gut bindenden Masse verkneten und mit Salz und Pfeffer abschmecken. 12 kleine Buletten formen. Das Öl in einer Pfanne erhitzen und die Buletten in 10-12 Minuten rundum knusprig durchbraten.

FÜR DIE SAUCE alle Zutaten zu einer glatten Creme verrühren.

FÜR DIE WRAPS die Kerne aus dem Granatapfel holen. Die Salatblätter waschen, trockenschleudern und nach Bedarf grob zerzupfen. Dann die 4 Wraps gleichmäßig mit der Sauce bestreichen. Auf jedem Fladen 4 Buletten, 1/4 des Salats und 1-2 EL Granatapfelkerne verteilen. Die Wrap-Fladen an zwei gegenüberliegenden Seiten leicht einklappen, damit die Füllung später nicht rausfallen kann, und den Wrap dann von der Seite her zusammenrollen. Zum Servieren am besten halbieren.

DIESER WÜRZIG-FRISCHE WRAP SCHMECKT WARM, LÄSST SICH ABER AUCH WUNDERBAR FÜR DIE MITTAGSPAUSE IM BÜRO EINPACKEN.

SEELACHS-BREMER

FISCHFRIKADELLE MIT SCHNITTLAUCHREMOULADE IM ROGGENBRÖTCHEN

12 FISCHFRIKADELLEN
- 500 g Seelachsfilet
- 125 g geräucherte Forelle
- 1 mittelgroße Schalotte
- 4 EL frischer Dill, gehackt
- 2 Eier
- 8 EL Semmelbrösel
- Abrieb von 1/2 Bio-Zitrone
- 1 TL Zitronensaft
- je 1/2 TL schwarzer Pfeffer und Salz
- 5-6 EL Semmelbrösel zum Panieren
- Butterschmalz zum Anbraten

REMOULADE
- 200 g Schmand
- 3 EL Mayonnaise, selbst gemacht (→ S. 123) oder gekauft
- 150 g Joghurt (3,5 % Fett)
- 2 EL rote Zwiebeln, fein gewürfelt
- 4 EL Schnittlauchröllchen
- 2 Prisen Zucker
- Abrieb von 1/2 Bio-Zitrone
- Salz und Pfeffer nach Geschmack

UND
- 8 Scheiben Frühstücksbacon
- einige Salatblätter (z. B. Eichblatt)
- 1 roter Apfel
- 4 Roggenbrötchen

FÜR DIE FISCHFRIKADELLEN das Seelachsfilet waschen und mit Küchenrolle gut abtrocknen. Das Filet und die Forelle sehr klein würfeln und in einer Schüssel mischen. Die Schalotte schälen und fein würfeln. Alle Zutaten zu einer gut bindenden Masse verkneten. Mit Salz und Pfeffer abschmecken. 12 Frikadellen formen.
Zum Panieren die Semmelbrösel in einen flachen Teller geben und die Frikadellen darin wenden. Die Panade leicht andrücken. In einer Pfanne etwas Butterschmalz erhitzen und die Frikadellen zunächst bei starker Hitze auf einer Seite scharf anbraten. Sobald sich eine leichte braune Kruste gebildet hat, wenden und die Temperatur auf mittlere Stufe reduzieren. Die Frikadellen in 10-12 Minuten unter mehrfachem Wenden durchbraten. Das Bratfett in der Pfanne für den Bacon aufbewahren.

FÜR DIE REMOULADE alle Zutaten zu einer glatten Creme verrühren.

ZUM SERVIEREN den Bacon im Frikadellenfett knusprig anbraten und zum Abtropfen auf etwas Küchenrolle geben. Den Salat waschen und trockenschleudern, den Apfel waschen, vierteln, entkernen und in dünne Scheiben schneiden.
Die Roggenbrötchen aufschneiden und die Böden jeweils mit Salat, Bacon und 3 Frikadellen belegen. Darauf etwas Remoulade verteilen und einige Apfelscheiben darauflegen. Zuklappen und reinbeißen.

DIE GERÄUCHERTE FORELLE MACHT DIE SEELACHSBULETTE NOCH AROMATISCHER. WER MAG, KANN AUCH ANDEREN RÄUCHERFISCH, ETWA MAKRELE, VERWENDEN.

BÁNH-MÌ-BALLS

VIETNAMESISCHES SANDWICH MIT LEMONGRASSBÄLLCHEN

24 HACKBÄLLCHEN
- 600 g Hähnchenbrustfilet
- 1/2 milde Chilischote
- 1 cm frischer Ingwer
- 1-2 Knoblauchzehen
- 1 Stange Lemongrass
- 1 kleine Frühlingszwiebel
- 2 EL frisches Koriandergrün, gehackt
- 1 Ei
- 1/4 TL Zitronenpfeffer, 1/4 TL Salz
- 1 TL Fischsauce, 1 TL Honig
- 6 EL Semmelbrösel
- Saft und Abrieb von 1 Bio-Limette
- ca. 5 EL neutrales Pflanzenöl zum Anbraten (z. B. Rapsöl, Sonnenblumenöl)

MÖHREN
- 2 mittelgroße Möhren
- 1 Tasse Wasser
- 4 EL Reisessig
- 3 EL Zucker, 1/2 TL Salz

SANDWICHES
- 1 Baguettestange oder 4 Baguettebrötchen
- 1/8 Salatgurke
- 100 g Leberpaté
- 8 TL Mayonnaise, selbst gemacht (→ S. 123) oder gekauft
- je 1/2 Bund Koriandergrün und Thaibasilikum, grob gehackt
- 12 Minzeblätter
- 8 TL süß-scharfe Chilisauce
- einige Salatblätter

FÜR DIE HACKBÄLLCHEN die Hähnchenbrust grob klein schneiden und anschließend in einer Küchenmaschine oder einem Blitzhacker fein zerkleinern. Die Chilischote entkernen, von den weißen Häutchen befreien und fein hacken. Ingwer und Knoblauch schälen und fein reiben. Den Lemongrasstängel von den Enden befreien und ebenfalls fein reiben. Die Frühlingszwiebel fein hacken.
Alle Zutaten zu einer gut bindenden Masse verkneten. Mit feuchten Händen 24 kleine, runde Bällchen formen. Das Öl in einer Pfanne erhitzen und die Bulettchen von allen Seiten in 8-10 Minuten durchbraten.

FÜR DIE EINGELEGTEN MÖHREN diese schälen und in circa 5 cm lange Stifte mit etwa 0,5 cm Durchmesser schneiden oder in hauchdünne Scheiben hobeln. Zusammen mit den restlichen Zutaten in einem kleinen Topf zum Kochen bringen und 5 Minuten weiter köcheln lassen. Die Möhren anschließend vom Herd nehmen und abkühlen lassen.

FÜR DIE SANDWICHES die Baguettes längs aufschneiden. Dabei muss eine Seite geschlossen bleiben, damit der Belag nicht herausrutscht. Die Gurke waschen und in dünne Scheiben schneiden. Die unteren Schnittflächen der Brote mit je 25 g Leberpaté, die oberen mit 2 TL Mayonnaise bestreichen. Die unteren Hälften jeweils mit einigen Gurkenscheiben, eingelegten Möhren und frischen Kräutern belegen. Jedes Sandwich mit 6 Hackbällchen belegen und jeweils 2 TL süß-scharfe Chilisauce darüberträufeln. Salat drauf, zuklappen und genießen.

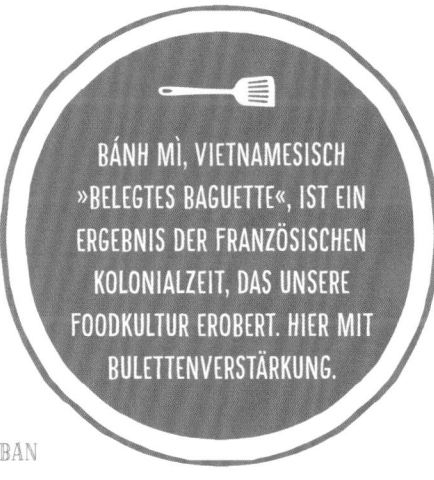

BÁNH MÌ, VIETNAMESISCH »BELEGTES BAGUETTE«, IST EIN ERGEBNIS DER FRANZÖSISCHEN KOLONIALZEIT, DAS UNSERE FOODKULTUR EROBERT. HIER MIT BULETTENVERSTÄRKUNG.

WHISKY-MEATBALL-BURGER

MIT LILA MÖHREN & KARAMELLISIERTEN ZWIEBELN

24 MEATBALLS
- 1 Roggentoastie oder anderes dunkles Brötchen ohne Körner, gewürfelt
- 25 ml Milch
- 50 ml schottischer Single-Malt-Whisky
- 250 g Rinder-Hackfleisch
- 250 g Lamm-Hackfleisch
- 1 Ei
- 1 TL mittelscharfer Senf
- 2 Prisen Zucker
- Salz und schwarzer Pfeffer nach Geschmack
- 2-3 EL Pflanzenöl zum Anbraten

AUSSERDEM
- 2 lila Möhren (ca. 200 g)
- Saft von 1/2 Zitrone
- 1 EL frische glatte Petersilie, gehackt
- Salz und schwarzer Pfeffer nach Geschmack
- 2 weiße Zwiebeln
- 1 TL Zucker
- einige Blätter Radicchio
- 4 Vollkorn- oder Mehrkorntoasties
- 4 EL Mayonnaise, selbst gemacht (→ S. 123) oder gekauft
- 100 g Stilton oder anderer fester Blauschimmelkäse

FÜR DIE MEATBALLS die Brötchenwürfel für 3-5 Minuten in Milch und Whisky einweichen. Ausdrücken und in einer großen Schüssel mit allen weiteren Zutaten zu einer gut bindenden Masse verkneten. 24 runde, kleine Bällchen formen.
In einer Pfanne etwas Pflanzenöl erhitzen und die Meatballs zunächst bei starker Hitze von einer Seite scharf anbraten. Sobald sich eine leichte braune Kruste gebildet hat, wenden und die Temperatur auf mittlere Stufe reduzieren. Die Fleischbällchen in 8-10 Minuten durchbraten. Zwischendurch immer wieder wenden. Das Bratfett aufbewahren.

FÜR DIE LILA MÖHREN diese schälen und mit einem Sparschäler längs in Streifen schneiden. In einer Schüssel mit Zitronensaft und Petersilie vermengen, kurz marinieren lassen und mit Salz und Pfeffer abschmecken.

FÜR DIE RÖSTZWIEBELN die Zwiebeln schälen, in Scheiben schneiden und im restlichen Bratfett goldbraun anbraten. Dann mit Zucker bestreuen und zum Karamellisieren noch 1-2 Minuten weiterbraten.

ZUM SERVIEREN den Salat waschen und trockenschleudern. Die Toasties im Toaster rösten. Die unteren Hälften jeweils mit Mayonnaise, Stilton, Radicchio, karamellisierten Zwiebeln, 3 Meatballs und einigen Möhrenstreifen belegen. Deckel drauf und reinbeißen.

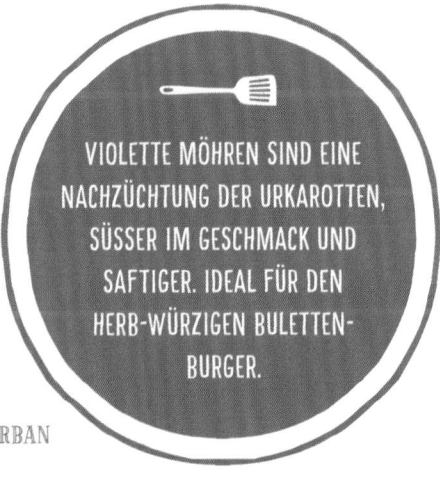

VIOLETTE MÖHREN SIND EINE NACHZÜCHTUNG DER URKAROTTEN, SÜSSER IM GESCHMACK UND SAFTIGER. IDEAL FÜR DEN HERB-WÜRZIGEN BULETTEN-BURGER.

»HANGOVER« BULETTENCOCKTAIL

BLOODY MARY MIT WODKA & WÜRZIGER BULETTE

8 BULETTEN
- 1-2 Frühlingszwiebeln
- 2-3 Knoblauchzehen
- 2 cm frischer Ingwer
- 2 Scheiben Mehrkorntoastbrot
- 400 g Rinderhackfleisch
- 1 Ei
- 1 TL Honig
- 1 TL mittelscharfer Senf
- 2 EL glatte Petersilie, gehackt
- 1/2 edelsüßes Paprikapulver
- Salz und Pfeffer nach Geschmack
- 1 EL Butterschmalz/Pflanzenöl zum Braten

4 BLOODY MARYS
- 1 l Tomatensaft
- 80 ml Wodka
- 4 TL Worcestersauce
- 2 TL Honig
- 2 EL mildes Ajvar (Paprikapaste)
- 1/2 TL Chipotle (geräucherte Jalapeño)

AUSSERDEM
- 4 Scheiben Frühstücksspeck
- 8 Cornichons oder kleine Essiggurken
- 4 kleine Weckgläser oder Cocktailgläser
- 4 Schaschlikspieße

FÜR DIE BULETTEN die Frühlingszwiebeln putzen und fein hacken. Knoblauch und Ingwer schälen und fein reiben. Das Toastbrot fein zerbröseln. Diese und alle weiteren Zutaten zu einer gut bindenden Masse verkneten. Mit Salz und Pfeffer abschmecken. 12 kleine, runde Buletten formen.
Das Fett in einer Pfanne erhitzen und die Hackbällchen in 12-15 Minuten rundum knusprig braun braten. Das Bratfett in der Pfanne aufbewahren.

FÜR DIE BLOODY MARY alle Zutaten in einer Schüssel gut miteinander vermengen.

ZUM SERVIEREN den Frühstücksspeck im Buletten-Bratfett knusprig anbraten. Zum Abtropfen auf ein Stück Küchenpapier geben, dann bleibt er schön knusprig.
Den Cocktail auf 4 Gläser verteilen. Jeden der 4 Schaschlickspieße mit je 2 Buletten mit einer Speckscheibe und einer Gurke dazwischen bestücken.

DAS REZEPT LÄSST SICH ÜBRIGENS WUNDERBAR VORBEREITEN, FÜR DIE PARTY, DEN MORGEN DANACH ODER BEIDES.

TOMATEN-ERDBEER- KETCHUP MIT INGWER

Tomaten und Erdbeeren putzen und klein schneiden. Die Zwiebeln schälen und fein würfeln. Den Ingwer schälen und reiben.

Die Zwiebeln in Öl glasig anschwitzen. Das Tomatenmark dazugeben, kurz mitbraten, dann mit Essig ablöschen. Die restlichen Zutaten untermischen, 15 Minuten köcheln lassen, anschließend fein pürieren.

Erneut aufkochen und sofort in sterile Gläser füllen. Sofort verschließen und umdrehen, damit ein Vakuum entsteht.

Das Ketchup hält mehrere Monate.

ZUTATEN
FÜR 6–7 MITTELGROSSE GLÄSER

1 kg reife Tomaten
500 g Erdbeeren
2 rote Zwiebeln
1 walnussgroßes Stück frischer Ingwer
4 EL Tomatenmark
75 ml Weißweinessig
3 TL frischer Rosmarin, gehackt
Abrieb von 1 Bio-Zitrone
1 EL Zitronensaft
1/2 EL gehackte Chilischote
3 TL Salz
150 g brauner Zucker
150 g Gelierzucker (2:1)
1 EL Olivenöl

BULETTEN KURIOSITÄTEN

DAS GRÖSSTE FLEISCHBÄLLCHEN DER WELT (GUINNESSBUCH DER REKORDE, 2011) WIEGT ÜBER 503 KILOGRAMM UND HAT EINEN DURCHMESSER VON 1,38 METERN. ES WURDE IN OHIO HERGESTELLT UND ANSCHLIESSEND AN BEDÜRFTIGE VERTEILT.

PASST AUCH SEHR GUT AUF SANDWICHES, ZUM GRILLEN UND ZU KÄSE.

JALAPEÑO-SCHALOTTEN-MARMELADE

Die Jalapeños vom Stiel befreien, halbieren, entkernen und dann in kleine Stücke schneiden. Die Schalotten schälen und fein würfeln. Die Knoblauchzehen schälen und fein reiben.

Alle Zutaten in einem Topf gut vermischen, unter ständigem Rühren aufkochen und anschließend 10 Minuten weiter köcheln lassen.

Die noch kochend heiße Marmelade in sterilisierte Schraubgläser oder -flaschen abfüllen. Die Ränder sauber halten. Die Gläser sofort verschließen und umdrehen, damit ein Vakuum entsteht.

Die Marmelade ist mindestens 6 Monate haltbar.

ZUTATEN
FÜR 4–5 MITTELGROSSE GLÄSER
700 g Jalapeños
150 g Schalotten
4–5 Knoblauchzehen
20 ml Weißweinessig
Saft und Abrieb von 1 Bio-Limette
500 g Gelierzucker (2:1)

BULETTEN GIBT ES ÜBERALL AUF DER WELT UND IN
UNENDLICH VIELEN VARIANTEN. AUF MEINEN REISEN HABE ICH
VIELE HACKBÄLLCHENREZEPTE ENTDECKT UND DER EIN ODER ANDERE
KOCH HAT MICH IN SEINE GEHEIMNISSE EINGEWEIHT.

EXOTISCHE GEWÜRZE, FRÜCHTE UND KRÄUTER VERLEIHEN DEN
FLEISCHBÄLLCHEN DAS GEWISSE ETWAS UND HELFEN GEGEN FERNWEH.
AUCH MULTIKULTI STEHT DER BULETTE GUT – DER MIX
AUS VERSCHIEDENEN KÜCHEN UND STILEN SORGT FÜR
NOCH MEHR ABWECHSLUNG AUF DEM TELLER.

»SURF & TURF«- BULETTEN

MIT GEBRATENEN SÜSSKARTOFFELN UND CHIMICHURRI

GARNELEN »SURF«
- 1 walnussgroßes Stück frischer Ingwer, 1/4–1/2 Chilischote
- 1/2 Vanilleschote
- Abrieb und Saft von 1/2 Bio-Limette
- 2 EL Olivenöl, 1 TL Honig, 1/4 TL Salz
- 12 Garnelen mit Schale, ohne Kopf

4 BULETTEN »TURF«
- 1 Scheibe Weizentoastbrot
- 1 Frühlingszwiebel
- 400 g tagfrisches Rindertartar (Schabefleisch), 2 EL Olivenöl
- Abrieb von 1/2 Bio-Limette
- 1 Spritzer Limettensaft
- 1 TL Dijonsenf, 1/2 TL Szechuan-Pfeffer, gemahlen, 1/4 TL Salz
- 3 EL Olivenöl zum Anbraten

SÜSSKARTOFFELN
- 800 g Süßkartoffeln
- 2 Knoblauchzehen
- 4–5 frische Thymianzweige
- 1/4 TL Chiliflocken, Salz nach Geschmack
- 2–3 EL Olivenöl zum Anbraten

CHIMICHURRI
- 2 Knoblauchzehen
- 1 Bund frische glatte Petersilie
- 2 EL frischer Oregano
- 2 EL frischer Thymian
- Saft von 1/2 Zitrone
- Abrieb von 1 Bio-Zitrone
- 1 EL Weißweinessig
- 6 EL Olivenöl
- 1/4 TL Chiliflocken, 1/4 TL Salz

FÜR DIE GARNELEN den Ingwer schälen und reiben, die Chilischote entkernen und fein hacken. Die Vanilleschote halbieren und das Mark herauskratzen. Alles zusammen mit Limettenabrieb und -saft, Olivenöl, Honig und Salz in einer Schüssel zu einer Marinade verrühren. Die Garnelen mindestens 10 Minuten darin ziehen lassen.

FÜR DIE BULETTEN inzwischen das Toastbrot in einem Blitzhacker fein zerkleinern. Die Frühlingszwiebel putzen und fein hacken. Mit allen weiteren Zutaten in einer Schüssel zu einer gut bindenden Masse verkneten. 4 flache Buletten formen.
In einer Pfanne 3 EL Olivenöl erhitzen. Zuerst die Buletten von beiden Seiten bei starker Hitze jeweils 2–3 Minuten scharf anbraten. Dann die Temperatur reduzieren, die Garnelen mit in die Pfanne geben und weitere 3–4 Minuten mit braten. Buletten und Garnelen zwischendurch wenden.

FÜR DIE SÜSSKARTOFFELN diese gründlich mit einer Bürste waschen und in 1 × 1 cm große Würfel schneiden. Die Schale kann dranbleiben, muss aber nicht. Das Olivenöl in einer Pfanne erhitzen und die Süßkartoffeln bei starker Hitze 2–3 Minuten anbraten. Die Knoblauchzehe mit der Hand andrücken, nicht schälen! Mit dem Thymian und den Chiliflocken zu den Süßkartoffeln geben. Die Kartoffeln weitere 10 Minuten bei mittlerer Hitze braten, bis sie gar sind. Mit Salz abschmecken.

FÜR DAS CHIMICHURRI den Knoblauch schälen und vierteln. Harte Petersilienstiele entfernen, Oregano und Thymianblättchen ebenfalls von holzigen Pflanzenteilen befreien. Die Kräuter grob zerkleinern. Alle Zutaten in einem Blitzhacker oder mit dem Stabmixer fein zerkleinern und mischen.

ZUM SERVIEREN immer eine Garnele auf eine Bulette legen, bei Bedarf als Häppchen mit einem Zahnstocher fixieren. Mit Chimichurri beträufeln und zusammen mit den Kartoffeln genießen.

KLÖPSCHEN RANCHEROS

JALAPEÑOBÄLLCHEN MIT ORANGEN-AVOCADO-BOHNEN-SALAT

16 HACKBÄLLCHEN
- 2-3 EL eingelegte Jalapeños
- 2 Knoblauchzehen
- 500 g Rinderhack
- 2-3 EL glatte Petersilie, gehackt
- 1 Ei
- 5 EL Semmelbrösel
- 2 TL Cumin (Kreuzkümmel), gemahlen
- 1 TL edelsüßes Paprikapulver
- 2-3 Msp. Zimt
- je 1/4 TL Salz und Pfeffer
- 3 EL Pflanzenöl zum Anbraten

AVOCADO-BOHNEN-SALAT
- 1 große oder 2 kleinen Orangen
- Saft und Abrieb von 1 Bio-Limette
- 4 EL Olivenöl
- Salz und schwarzer Pfeffer nach Geschmack
- 1 kleine Dose weiße Bohnen (ca. 350-400 g Abtropfgewicht)
- 1 mittelgroße rote Zwiebel
- 2 reife Avocados, Sorte Hass
- 1 Körbchen Gartenkresse

FÜR DIE HACKBÄLLCHEN die Jalapeños gut abtropfen lassen, bei Bedarf mit Küchenkrepp trockentupfen und fein hacken. Den Knoblauch schälen und fein reiben. In einer Schüssel alle Zutaten zu einer gut bindenden Masse verkneten, mit Salz und Pfeffer nach Geschmack würzen. 16 Bällchen formen.
Das Öl in einer Pfanne erhitzen und die Buletten in 10-12 Minuten zuerst bei starker, dann mittlerer Hitze rundum knusprig braten.

FÜR DEN SALAT mit einem scharfen Messer die Orangen filetieren: Zuerst oben und unten die Schale als Scheibe abtrennen. Die Orange anschließend auf eine Schnittfläche stellen und die Schale von oben nach unten so abschneiden, dass die äußere Haut komplett mit abgetragen wird.
Ab jetzt über einer Schüssel arbeiten und den Saft auffangen.
Die Fruchtfleisch-Filets zwischen den feinen Zwischenhäutchen herausschneiden und beiseitelegen.
Die Reste der Orange in die Schüssel ausdrücken. Den Abrieb und den Saft der Limette sowie das Öl zum Orangensaft geben und das Dressing mit Salz und Pfeffer abschmecken.
Die Bohnen abgießen, in einem Sieb gut abspülen und abtropfen lassen.
Die Zwiebel schälen, halbieren und in hauchfeine Scheiben schneiden.
Die Avocado halbieren, den Kern entfernen. Vorsichtig mit einem Messer quasi in der Schale in 0,5 cm dicke Scheiben schneiden. Diese mit einem Löffel heraustrennen.

ZUM SERVIEREN Orangenfilets, Bohnen, Avocadospalten und Zwiebeln auf einem Teller anrichten und mit dem Dressing übergießen, einige Minuten ziehen lassen. Mit frisch geschnittener Kresse bestreuen und dann mit den Jalapeñobällchen genießen.

SALSICCIA-POLPETTE

HACKBÄLLCHENPASTA MIT GRAPPA-TOMATEN-SAUCE

GRAPPA-TOMATEN-SAUCE
- 1 rote Zwiebel
- 1 EL Tomatenmark
- 100 ml Grappa
- 200 ml Rinderfond
- 1 Knoblauchzehe
- 400 g Pizzatomaten
- 80 g weiße Weinbeeren
- 2 Zweige frischer Rosmarin
- 2 TL frischer Thymian, gehackt
- 1/4 TL Pimentón (geräuchertes Paprikapulver)
- 1 TL Zucker
- schwarzer Pfeffer und Salz nach Geschmack
- 4 EL Olivenöl zum Anbraten

40 SALSICCIA-POLPETTE
- 400 g Salsiccia
- 100 g Rinderhack
- 1 Ei
- 4 EL Semmelbrösel
- 2 Zweige frischer Rosmarin, gehackt
- 2 TL frischer Thymian, gehackt
- je 1/4 TL Salz und Pfeffer
- 1 TL Fenchelsamen, gemörsert

UND
- 500 g Casarecce-Pasta oder andere kurze Nudeln

FÜR DIE SAUCE die Zwiebel in kleine Würfel schneiden. In einem großen, weiten Topf das Olivenöl erhitzen und die Zwiebeln glasig darin andünsten. Das Tomatenmark dazugeben und etwa 1 Minute anrösten – das gibt ein intensives Aroma –, anschließend mit Grappa ablöschen. Dann den Rinderfond angießen.
Die Knoblauchzehe schälen, fein reiben und mit den restlichen Zutaten zur Sauce geben. Alles für 15 Minuten mit Deckel köcheln lassen.

FÜR DIE SALSICCIA-POLPETTE, während die Sauce kocht, alle Zutaten in einer Schüssel zu einer gut bindenden Masse verkneten. Mit feuchten Händen 40 kleine Bällchen formen.
Die Polpette vorsichtig möglichst nebeneinander in die nur ganz wenig köchelnde Sauce einlegen und 15 Minuten weiter bei niedriger Temperatur abgedeckt ziehen lassen. Zwischendurch vorsichtig umrühren.

ZUM SERVIEREN die Pasta nach Packungsanleitung in gut gesalzenem Wasser kochen. Abgießen und dann sofort mit der Sauce und den Polpette vermengen. Auf Wunsch mit geriebenem Parmesan servieren.

WEISSE WEINBEEREN BEKOMMT MAN IN TÜRKISCHEN LEBENSMITTELGESCHÄFTEN. HIER GIBT ES EINE TOLLE AUSWAHL AN GETROCKNETEN UND KANDIERTEN FRÜCHTEN.

CHICKEN-FRITTERS

SESAM-HÄHNCHEN-BULETTEN MIT KORIANDER-CHILI-GURKEN

20 SESAM-HÄHNCHEN-BULETTEN

- 500 g Hähnchenbrustfilet
- 2 Frühlingszwiebeln
- 1 etwa walnussgroßes Stück frischer Ingwer
- 1 Knoblauchzehe
- 1 Ei
- 5 EL Semmelbrösel
- 2 TL Sesamöl
- 2 TL Honig
- 2 TL Sojasauce
- 1/4 TL Chilipulver
- 1/2 TL Koriandersamen, gemahlen
- je 1/4 TL Salz und schwarzer Pfeffer
- 5-6 EL helle Sesamkörner zum Panieren
- 4 EL Rapsöl zum Anbraten

GURKEN

- 3 TL Zucker
- 1/2 frische milde rote Chilischote
- Abrieb und Saft von 1 Bio-Limette
- 1 EL Reisessig
- 1 Salatgurke
- 1 Bund frisches Koriandergrün
- 1 Schalotte
- Salz und Pfeffer nach Geschmack

FÜR DIE SESAM-HÄHNCHEN-BULETTEN das Hähnchenfleisch in Stücke schneiden, portionsweiße mit dem Blitzhacker fein zerkleinern und in eine Schüssel geben. Die Frühlingszwiebeln waschen, fein hacken und zum Fleisch geben. Den Ingwer und Knoblauch schälen, fein reiben und ebenfalls in die Schüssel geben. Nun alle weiteren Zutaten außer den Sesamkörnern hinzufügen und alles zu einer gut bindenden Masse verkneten. Mit feuchten Händen 20 kleine Buletten formen.
Die Sesamkörner in eine Schüssel geben und die Buletten von allen Seiten darin wenden. Die Panade leicht andrücken. Das Rapsöl in einer beschichteten Pfanne erhitzen und die Buletten in 8-10 Minuten rundum knusprig anbraten. Nach dem Braten gegebenenfalls überschüssiges Fett mit einem Küchenpapier abtupfen.

FÜR DIE KORIANDER-CHILI-GURKEN in einem kleinen Topf 3 EL Wasser und den Zucker aufkochen lassen und offen auf die Hälfte einkochen lassen. Den Sirup abkühlen lassen. Die Chilischote halbieren, von den Kernen und weißen Rippen befreien und in feine Streifen schneiden. Zusammen mit dem Limettenabrieb und -saft sowie dem Reisessig zum Sirup geben und alles zu einem Dressing verrühren.
Die Gurke waschen, längs halbieren und mit einem Löffel die Kerne herauskratzen. Die Gurke in circa 0,5 cm dünne Scheiben schneiden und in einer Schüssel mit dem Dressing mischen. Den Salat 10 Minuten ziehen lassen. Inzwischen den Koriander hacken, die Schalotte schälen und in sehr feine Scheiben schneiden. Beides unter die Gurken mischen und den Salat vor dem Servieren mit Salz und Pfeffer abschmecken.

SHEPERD'S PIE GUINNESSMEATBALLS

MIT SELLERIE-KARTOFFEL-PÜREE & SENFBUTTER

20 MEATBALLS
- 1 kleine rote Zwiebel
- 500 g Rinderhack
- 1 Ei
- 1 TL mittelscharfer Senf
- 5 EL Semmelbrösel
- 1 EL frischer Thymian, gehackt
- 1 EL frischer Majoran, gehackt
- Salz und Pfeffer nach Geschmack

SAUCE
- 4 Schalotten
- 2 TL brauner Zucker
- 330 ml Guinness oder anderes Schwarzbier
- 400 ml Rinderfond
- 1 Lorbeerblatt
- 5 TL Worcestersauce
- 5 TL Johannisbeergelee
- 5 TL Zuckerrübensirup
- 2 EL Speisestärke
- 1 TL Butter
- 3 EL Olivenöl zum Anbraten

PÜREE
- 1,5 kg mehligkochende Kartoffeln
- 400 g Knollensellerie
- 100 ml Milch
- 2 Msp. Muskatnuss, gerieben
- Salz und Pfeffer nach Geschmack

UND
- 50 g Butter
- 1 EL grober Dijonsenf
- Auflaufform mit ca. 25 × 25 cm

FÜR DIE MEATBALLS die Zwiebel schälen und fein würfeln. Alle Zutaten in einer Schüssel zu einer gut bindenden Masse verkneten. 20 kleine Bällchen formen und bis zur Weiterverarbeitung kühl stellen.

FÜR DIE SAUCE die Schalotten schälen und vierteln. In einem Topf das Olivenöl erhitzen und die Zwiebelviertel leicht braun anbraten. Dann mit braunem Zucker bestreuen und kurz karamellisieren lassen. Mit Bier ablöschen, anschließend den Rinderfond hinzugeben. Das Lorbeerblatt, die Worcestersauce, das Johannisbeergelee und den Zuckerrübensirup mit in den Topf geben und alles 5 Minuten zu einer sämigen Sauce einköcheln lassen.
Zum Binden die Speisestärke mit 5 EL Wasser glatt rühren und mit einem Schneebesen in die Sauce einrühren. Nochmals kurz aufkochen lassen. Sollte die Sauce noch zu flüssig sein, noch mehr Stärkelösung einarbeiten. Zum Schluss die Butter in die nicht mehr kochende Sauce einrühren. Die Bällchen vorsichtig in die Sauce geben und bei niedriger Temperatur 10 Minuten mit Deckel ziehen lassen. Ab und zu vorsichtig wenden.

FÜR DAS PÜREE die Kartoffeln und den Sellerie schälen und etwa 5 × 5 cm klein würfeln. In etwa 15 Minuten in Salzwasser garen. Dann abgießen, gut abtropfen lassen, zurück in den Topf geben und mit einem Kartoffelstampfer zu einem feinen Brei zerdrücken. Die Milch einrühren und mit Muskat, Salz und Pfeffer abschmecken.

ZUM ÜBERBACKEN die Butter in einem kleinen Topf schmelzen und den Senf einrühren. Den Ofen auf 200 °C Ober-/Unterhitze vorheizen. Meatballs und Sauce in eine ofenfeste Form geben. Das Püree wellenförmig auf die Meatballs schichten, sodass möglichst keine Sauce mehr zu sehen ist. Nicht glatt streichen! Zum Schluss die Senf-Butter auf dem Püree verteilen. In 25-30 Minuten schön goldbraun backen.

BESCHWIPSTE KEFTÉDES

GRIECHISCHE HACKBÄLLCHEN MIT OUZO-FENCHEL-KRITHARAKI

16 KEFTÉDES
- 2 Scheiben Weizentoastbrot
- 3–4 Knoblauchzehen
- 1 kleine weiße Zwiebel
- 500 g gemischtes Hack von Rind und Schwein
- 1 Ei
- 1 TL Honig
- 1 EL frischer Dill, gehackt
- 2 EL frische glatte Petersilie, gehackt
- 1 EL frische Pfefferminze, gehackt
- 1/2 TL edelsüßes Paprikapulver
- Salz und Pfeffer nach Geschmack
- etwas Olivenöl zum Anbraten

NUDELSALAT
- 500 g Kritharaki (griechische Nudeln in Reisform)
- 500 g Fenchelknolle
- 70 ml Ouzo
- 2–3 Frühlingszwiebeln
- 250 g Datteltomaten
- 5 EL frische glatte Petersilie, gehackt
- 1 EL frischer Thymian, gehackt
- 1 TL gemörserte Fenchelsamen
- Abrieb und Saft von 1 Bio-Zitrone
- 4 EL Olivenöl
- Salz und Pfeffer nach Geschmack
- 2 EL Olivenöl extra zum Anbraten
- optional etwas Schafskäse zum Servieren

FÜR DIE KEFTÉDES das Toastbrot fein zerbröseln. Die Knoblauchzehen schälen und fein reiben. Die Zwiebel schälen und klein würfeln.
Alle Zutaten in einer Schüssel zu einer gut bindenden Masse verkneten und mit Salz und Pfeffer abschmecken. 16 flache ovale, circa 1 cm dicke Hackbällchen formen.
Etwas Öl in einer Grillpfanne erhitzen und die Keftedes von jeder Seite 4–5 Minuten zuerst bei hoher, dann bei mittlerer Temperatur garen. Zwischendurch wenden.

FÜR DEN NUDELSALAT die Nudeln nach Packungsanweisung in reichlich Salzwasser bissfest kochen, dann abgießen, gut abtropfen und abkühlen lassen.
Inzwischen die Fenchelknollen waschen und putzen, dann halbieren und den Strunk keilförmig herausschneiden. Das Fenchelgrün fein hacken und beiseitestellen. Die Knolle vertikal in circa 3 mm dicke Scheiben schneiden. Diese in 2 EL Olivenöl anbraten, bis sie leicht gebräunt, aber noch bissfest sind. Dann mit dem Ouzo ablöschen. Vom Herd nehmen, mit Salz und Pfeffer abschmecken und lauwarm abkühlen lassen.
In der Zwischenzeit die Frühlingszwiebel putzen und in feine Ringe schneiden. Die Tomaten waschen, vierteln und den Strunk entfernen. Abschließend die Nudeln mit allen Zutaten, auch dem gehackten Fenchelgrün, mischen. Den Salat mit Salz und Pfeffer abschmecken. Er sollte vor dem Servieren 10–15 Minuten ziehen, dann nochmals nachwürzen. Wer möchte, kann noch zerbröselten Schafskäse darüberstreuen.

BULETTE TATAR

MIT GEBACKENER AVOCADO & TOMATEN-PAPRIKA-SALSA

4 BULETTEN
600 g tagfrisches Rindertartar (Schabefleisch)
2 TL süß-scharfer Senf (z. B. Kremser Art)
1 TL Honig
Schalenabrieb von 1 Bio-Limette
Saft von 1/2 Limette
1/2 TL edelsüßes Paprikapulver

AVOCADO
2 reife Hass-Avocados
100 g Semmelbrösel
1/4 TL Salz
2 gestrichene TL Koriandersamen, gemahlen
1/2 TL Cayennepfeffer
2 Eier
Backblech mit Backpapier

TOMATEN-PAPRIKA-SALSA
1 gelbe Paprika
2 mittelgroße Strauchtomaten
2 Frühlingszwiebeln
1 EL Weißweinessig
5 EL Olivenöl
2 EL frisches Koriandergrün, gehackt
2 EL frische glatte Petersilie, gehackt
Schalenabrieb und Saft von 1 Bio-Limette
1/4 TL Koriandersamen, gemahlen
1/4 TL Pimenton (geräuchertes Paprikapulver) oder scharfes Paprikapulver
Salz und Peffer nach Geschmack

FÜR DIE TATARBULETTEN alle Zutaten gut miteinander vermengen und zu 4 flachen Buletten formen. Bis zum Servieren kalt stellen. Unbedingt am selben Tag verzehren!

FÜR DIE GEBACKENE AVOCADO den Backofen auf 200 °C Ober-/Unterhitze vorheizen. Die Avocado halbieren, den Kern entfernen und vorsichtig die Schale abziehen. Die Avocadohälften der Länge nach in 2 cm dicke Scheiben schneiden.
Für die Panade die Semmelbrösel in einem flachen Teller mit Salz, Korianderpulver und Cayennepfeffer mischen. Die Eier in einem tiefen Teller verquirlen. Zum Panieren die Avocadoscheiben im Ei wenden, gut abtropfen lassen und anschließend rundum in den Semmelbröseln wälzen. Die panierten Avocadoscheiben auf ein Backblech mit Backpapier legen und 10 Minuten backen. Dann wenden und in weiteren 5 Minuten fertig backen.

FÜR DIE TOMATEN-PAPRIKA-SALSA die Paprika und die Tomaten waschen, halbieren, vom Strunk befreien und entkernen. Bei den Paprika die weißen Rippen herauslösen. Das so vorbereitete Gemüse klein und etwa gleich groß würfeln. Die Frühlingszwiebeln waschen und in feine Ringe schneiden. Essig, Öl, Kräuter und Gewürze zu einem Dressing verarbeiten und in einer Schüssel mit dem Gemüse mischen. Mit Salz und Pfeffer abschmecken.

SUSHI WAR GESTERN. DIE BULETTE KANN, MIT SEHR FEINEM UND FRISCHEM RINDFLEISCH, AUCH ROH. HIER IM URBANEN CHIC MIT SALSA UND HEISSER AVOCADO.

KLOPS TAMALES-STYLE

IM MAISBLATT MIT CHIPOTLE-MAIS & GUACAMOLE

12 HACKBÄLLCHEN
- 1/4 Jalapeño-Chili
- 2 Knoblauchzehen
- 500 g Rinderhackfleisch
- 1 Ei
- Abrieb von 1 Bio-Limette
- 2 EL frisches Koriandergrün, gehackt
- 4 EL Semmelbrösel
- 2 Msp. Zimt, 1 TL Cumin
- Salz und schwarzer Pfeffer nach Geschmack
- ca. 24 Maiskolbenblätter (von den Kolben für den Chipotle-Mais) zum Einwickeln
- Auflaufform

GUACAMOLE
- 1 kleine Tomate
- 1 kleine Schalotte
- 1 kleine Knoblauchzehe
- 2 große, reife Avocados
- 2 EL frisches Koriandergrün, gehackt
- Saft und Abrieb von 1 Bio-Limette
- 1 TL Cumin (Kreuzkümmel), gemahlen
- 1/2 TL Koriandersamen, gemahlen

CHIPOTLE-MAIS
- 2-3 frische Maiskolben mit Blättern (ca. 1 kg)
- 1 TL Honig
- Abrieb von 1 Bio-Limette
- 2-3 Spritzer Limettensaft
- 1/4 TL Chipotles (geräucherte Jalapeños), gemahlen
- 1 TL Butter zum Braten

FÜR DIE HACKBÄLLCHEN die Jalapeñoschote von den Kernen und den weißen Rippen befreien und fein hacken. Den Knoblauch schälen und fein reiben. Alle Zutaten in einer Schüssel zu einer gut bindenden Masse verkneten. Mit Salz und Pfeffer abschmecken. 12 Hackbällchen formen und leicht flach drücken.

Den Backofen auf 180 °C Ober-/Unterhitze vorheizen. Zum Verpacken vorsichtig die Blätter von den Maiskolben für die Beilage entfernen. Jedes Hackbällchen mit 2 Blättern über Kreuz umwickeln, sodass ein geschlossenes Päckchen entsteht. Die Buletten im Maisblatt in eine Auflaufform legen und im vorgeheizten Ofen 25-30 Minuten garen.

FÜR DIE GUACAMOLE die Tomate vierteln, entkernen und in kleine Würfel schneiden. Die Schalotte schälen und fein würfeln. Den Knoblauch schälen und fein reiben. Die Avocados halbieren, den Kern entfernen und das Fruchtfleisch mit einem Löffel herauslösen.

Das Avocadofleisch in eine Schüssel geben und mit einer Gabel zu einem feinen Mus zerdrücken. Dann alle anderen Zutaten gut untermischen. Bis zum Servieren abdecken und in den Kühlschrank stellen.

FÜR DEN MAIS die Maiskolben entblättern – die Blätter dienen als Verpackung für die Buletten. Die Kolben mit dem Strunk nach unten aufrecht auf ein Brett stellen, gut festhalten und mit einem großen Messer die Körner abschneiden.

In einer Pfanne die Butter zerlassen und den Mais bei mittlerer Hitze darin anbraten, bis er leicht braun geworden ist. Mit Honig, Limettenschale, -saft und Chipotlepulver würzen und noch 1-2 Minuten weiterbraten.

EXOTISCHE SCHWEINEFLEISCHBÄLLCHEN

AUF ASIATISCHEM KRÄUTER-MANGO-SALAT MIT THAIBASILIKUM-PESTO

28 BÄLLCHEN
- 500 g Schweineschulter
- 1 Schalotte
- 1 walnussgroßes Stück Ingwer
- 1 walnussgroßes Stück Galgant
- 1 Knoblauchzehe
- 1 Stange Lemongrass
- 1 Kaffirlimettenblatt
- 4 EL Semmelbrösel
- 1 Ei, 2 TL Fischsauce
- 1/2 TL rote Chilischote ohne Kerne, gehackt, Salz und Pfeffer
- 3 EL neutrales Pflanzenöl zum Anbraten

PESTO
- 70 g unbehandelte Cashewkerne
- 50 g frischer Thai-Basilikum
- Saft und Schalenabrieb von 1 Bio-Limette, 6 EL Rapsöl (oder anderes neutrales Pflanzenöl)
- 2 EL Wasser, 1 EL Reisessig,
- 1 TL Fischsauce, 1 TL Palmzucker
- Salz und Pfeffer nach Geschmack

SALAT
- 4 EL Rapsöl, 5 EL Reisessig
- Saft von 1 Bio-Limette, 2 TL Honig
- Salz und Pfeffer nach Geschmack
- 1 Mango, 150 g junger Mischsalat,
- 100 g gemischte asiatische Kräuter, z. B. Koriandergrün, Perilla, Minze, Thai-Basilikum, Blattsenf, Zitronenmelisse, Vietnamesischer Koriander
- 100 g Lotoskerne, 4 EL Erdnüsse, geröstet und gesalzen

FÜR DIE BÄLLCHEN die Schweineschulter in kleine Stücke schneiden und durch die feine Lochscheibe des Fleischwolfs drehen oder vom Metzger durchlassen. Die Schalotte schälen und klein würfeln. Ingwer, Galgant und Knoblauch schälen und dann reiben. Das Lemongrass von den Enden befreien und ebenfalls fein reiben. Das Kaffirlimettenblatt sehr fein hacken.
Alle Zutaten zu einer gut bindenden Masse verkneten und mit Salz und Pfeffer abschmecken. 28 kleine runde Bällchen formen.
In einer Pfanne das Öl erhitzen und die Bällchen bei starker Hitze von allen Seiten anbraten. Sobald sich eine leichte braune Kruste gebildet hat, die Temperatur auf mittlere Stufe reduzieren und die Bällchen in 8-10 Minuten unter mehrfachem Wenden durchbraten.

FÜR DAS PESTO die Cashewkerne ohne Öl in einer Pfanne leicht anrösten. Anschließend leicht abkühlen lassen und grob hacken. Die Thai-Basilikum-Blätter von den Stielen zupfen. Alle Zutaten in einem Blitzhacker oder mit dem Stabmixer zu einem feinen Pesto verarbeiten. Mit Salz und Pfeffer abschmecken.

FÜR DEN SALAT ein Dressing aus Rapsöl, Reisessig, Limettensaft, Honig und Salz und Pfeffer nach Geschmack mischen.
Die Mango schälen, entkernen und in mundgerechte Stücke schneiden. Den Salat und die Kräuter waschen und trockenschleudern. Den Salat in mundgerechte Stücke zupfen, die Kräuter nur grob zerkleinern. Alles zusammen mit den Lotoskernen und den Erdnüssen in einer Schüssel mischen und vor dem Servieren mit dem Dressing anmachen.

KLOPSE DER KARIBIK

JERK-BULETTEN MIT APFEL-MANGO-SALAT

JERK-WÜRZPASTE
- 1/2 Bund frischer Thymian
- 5 Knoblauchzehen
- 2 cm frischer Ingwer, gerieben
- 2 kleine rote Chilis
- Saft und Abrieb von 1 Bio-Limette
- 80 ml Pflanzenöl
- 1 TL Zimtpulver, 1 TL Koriandersamen, gemahlen, 1/2 TL schwarzer Pfeffer, gemahlen, 1/4 TL Muskatnuss, gerieben, 1 TL edelsüßes Paprikapulver, 1/2 TL Cumin (Kreuzkümmel), gemahlen
- 5 Nelken, 5 Wacholderbeeren, 5 Pimentkörner
- 1 TL Rohzucker

16 BULETTEN
- 1 kleine rote Zwiebel
- 500 g Schweinehackfleisch
- 5 EL Semmelbrösel
- 1 Ei
- 3-4 EL frisches Koriandergrün, gehackt
- Salz nach Geschmack
- 3 EL Pflanzenöl zum Anbraten

APFEL-MANGO-SALAT
- 1 Mango
- 1 grüner Apfel (z. B. Granny Smith)
- 2 Frühlingszwiebeln
- 2 EL Olivenöl
- 1 EL Aprikosen- oder Apfelessig
- 1 TL Honig
- Saft und Abrieb von 1 Bio-Limette
- 1/4 TL Chiliflocken
- Salz und Pfeffer nach Geschmack

FÜR DIE JERK-WÜRZPASTE die Thymianblättchen abzupfen. Die Knoblauchzehen und den Ingwer schälen und grob zerkleinern. Die Chilis vom Grün sowie den Kernen und Rippen befreien. Zusammen mit den restlichen Zutaten in einem Blitzhacker sehr fein zerkleinern, sodass eine homogene Paste entsteht.

FÜR DIE BULETTEN die Zwiebel schälen und fein würfeln. Zusammen mit den restlichen Zutaten und der Jerk-Würzpaste in einer Schüssel zu einer gut bindenden Masse verkneten. 16 kleine, flache Buletten formen. Das Öl in einer Pfanne erhitzen und die Buletten bei starker Hitze auf einer Seite anbraten. Sobald eine leichte braune Kruste entstanden ist, wenden, die Temperatur etwas reduzieren und die Buletten unter mehrfachem Wenden in 10-12 Minuten gar anbraten.

FÜR DEN APFEL-MANGO-SALAT die Mango schälen und das Fruchtfleisch etwa 1 × 1 cm groß würfeln. Den Apfel nicht schälen, entkernen und in ebenso große Würfel schneiden. Die Frühlingszwiebeln in feine Ringe schneiden. Alles in einer Salatschüssel mischen.
Die restlichen Zutaten in einer kleinen Schüssel zu einem Dressing vermengen und den Salat damit marinieren.

JERK-WÜRZMISCHUNGEN STAMMEN AUS DER KREOLISCHEN KÜCHE. MAN KANN MIT DER PASTE AUCH GRILLFLEISCH, -FISCH ODER SEAFOOD MARINIEREN.

BULETTEN »SETSWANA«
VOM STRAUSS MIT CHAKALAKA UND MANIOK

12 BULETTEN
- 500 g Straußenfilet
- 70 g Weizentoastbrot
- 1 Frühlingszwiebel
- 1 Knoblauchzehe
- 1 walnussgroßes Stück frischer Ingwer
- 1 Ei, 2 EL Olivenöl
- 2 EL frisches Koriandergrün, gehackt
- 1 TL Koriandersamen, gemahlen
- 2 Msp. Zimt, 1 Msp. Chilipulver
- Salz und Pfeffer nach Geschmack
- 3 EL Pflanzenöl zum Anbraten

CHAKALAKA-SAUCE
- 250 g Strauchtomaten
- 1 gelbe Paprika
- 2 Möhren (ca. 150 g)
- 1 weiße Zwiebel
- 3 Knoblauchzehen
- 1/2 frische grüne Chilischote
- 1 walnussgroßes Stück frischer Ingwer
- 1 EL Tomatenmark
- 1 Dose Baked Beans in Tomatensoße (ca. 400 g)
- 1 TL Zucker
- 1-2 TL Madras-Currypulver
- 3-4 TL frisches Koriandergrün, gehackt
- Salz und Pfeffer nach Geschmack
- 3 EL Rapsöl zum Anbraten

MANIOK
- 400 g Maniok
- Salz und Pfeffer nach Geschmack
- 4 EL Olivenöl zum Anbraten

FÜR DIE BULETTEN das Straußenfilet in kleine Stücke schneiden und durch die feine Lochscheibe des Fleischwolfs drehen. Das Toastbrot mit einem Blitzhacker fein zerkleinern und in einer Schüssel mit dem Fleisch mischen. Die Frühlingszwiebel putzen und klein hacken, den Knoblauch und den Ingwer schälen und fein reiben.
Alle Zutaten zu einer gut bindenden Masse verkneten. Mit Salz und Pfeffer abschmecken. 12 Buletten formen.
In einer Pfanne das Rapsöl erhitzen und die Buletten zunächst bei starker Hitze von einer Seite scharf anbraten. Dann wenden und die Temperatur auf mittlere Stufe reduzieren. In 10-12 Minuten unter mehrfachem Wenden durchbraten.

FÜR DIE SAUCE die Tomaten vierteln, von Strunk und Kernen befreien und 1 × 1 cm klein würfeln. Die Paprika vom Kerngehäuse und von den weißen Rippen befreien und wie die Tomaten würfeln. Die Möhren schälen und grob raspeln. Die Zwiebel schälen und fein würfeln. Den Knoblauch schälen und in feine Scheiben schneiden. Die Chili entkernen und sehr fein hacken. Den Ingwer schälen und fein reiben.
In einem Topf das Rapsöl erhitzen. Zuerst die Zwiebeln leicht anbraten, dann das Tomatenmark hinzugeben und kurz mitbraten. Anschließend den Knoblauch und die Paprika hinzugeben und 2-3 Minuten bei starker Hitze weiterbraten.
Die Temperatur nun auf mittlere Stufe reduzieren und die Tomaten und die Möhren hinzugeben. Nach etwa 2 Minuten Bohnen, Zucker und Currypulver unterrühren. Die Sauce 2-3 Minuten köcheln lassen und mit Salz und Pfeffer abschmecken. Kurz vor dem Servieren den gehackten Koriander unterrühren.

FÜR DEN MANIOK diesen schälen und in 1 cm dicke Scheiben schneiden. In Salzwasser in 10-12 Minuten bissfest kochen. Abgießen und ausdampfen lassen.
Den Maniok in einer Pfanne mit Olivenöl in 5-6 Minuten rundum knusprig braun braten. Mit Salz und Pfeffer abschmecken.

HACKBÄLLCHENTAJINE
MIT AUBERGINEN & KICHERERBSEN

20 HACKBÄLLCHEN
- 3 Knoblauchzehen
- 500 g gemischtes Hackfleisch vom Lamm und Rind
- 2 EL frische glatte Petersilie, gehackt
- 1 Ei
- 1 TL Honig
- 4 EL Semmelbrösel
- 1/2 TL Piment, gemahlen
- 1 TL Kreuzkümmel (Cumin), gemahlen
- 1 TL Pul Biber
- 1/4 TL Zimt
- Salz und schwarzer Pfeffer nach Geschmack

SAUCE
- 500 g Auberginen
- 1 rote Zwiebel
- 1 Dose Kichererbsen (400 g)
- 1 Dose gehackte Tomaten (400 g)
- 2 Zimtstangen
- 1/2 TL gemahlener Piment
- 1/2 TL Chili
- 2 TL Kreuzkümmel (Cumin), gemahlen
- 2 TL Zucker
- Salz und schwarzer Pfeffer nach Geschmack
- 4 EL Olivenöl zum Anbraten

FÜR DIE HACKBÄLLCHEN die Knoblauchzehen schälen und fein reiben. Dann mit allen anderen Zutaten in einer Schüssel zu einer gut bindenden Masse verkneten und 20 kleine Bällchen formen. Bis zur Weiterverarbeitung kühl stellen.

FÜR DIE SAUCE den Strunk von der Aubergine entfernen und diese in etwa 2 × 2 cm große Stücke schneiden. Die Zwiebel schälen, in Achtel schneiden und die Zwiebelschichten mit der Hand voneinander trennen. Die Kichererbsen abgießen und bereitstellen.

ZUM GAREN DER BÄLLCHEN den Backofen auf 200 °C Ober-/Unterhitze vorheizen. Die Tajine auf eine Herdplatte stellen und das Öl darin erhitzen. Zuerst die Zwiebeln glasig andünsten, dann die Auberginenwürfel mitbraten, bis sie eine leichte Bräunung bekommen. Anschließend die Kichererbsen, die Dosentomaten und alle Gewürze dazugeben und gut umrühren.
Nun die Hackbällchen in die Tajine geben, sodass sie gut mit Sauce bedeckt sind. Mit Deckel für 30 Minuten in den vorgeheizten Backofen stellen.
Zum Gericht passt sehr gut Couscous oder Fladenbrot.

MODERNE TAJINES MIT GLATTEM BODEN EIGNEN SICH GUT FÜR HERDPLATTEN UND CERANFELDER. MAN KANN ABER AUCH EINEN BRÄTER MIT DECKEL NEHMEN.

SCHARFE APRIKOSEN SAUCE

Die Chilischoten von Strunk und Kernen befreien und fein hacken. Die Aprikosen in kleine Stücke schneiden. Alle Zutaten in einen Topf geben und 10 Minuten köcheln lassen, dann mit dem Stabmixer fein pürieren.

Die Sauce nochmals aufkochen und sehr heiß in sterilisierte Schraubgläser oder -flaschen abfüllen. Die Ränder sauber halten. Die Gläser sofort verschließen und umdrehen, damit ein Vakuum entsteht.

Die Sauce ist so mindestens 6 Monate haltbar.

ZUTATEN FÜR 3–4 MITTELGROSSE FLASCHEN/GLÄSER

250 g gelbe Chilischoten
150 g getrocknete Aprikosen
150 ml Wasser
75 ml Weißweinessig
1 TL Vanilleextrakt
125 g Zucker
1/2 TL Salz
1/2 TL Kurkuma

BULETTEN KURIOSITÄTEN

Takeru Kobayashi verspeiste in Brooklyn, New York in einer Minute insgesamt 29 Fleischbällchen. Der Rekord ist bis jetzt ungebrochen. Er ist übrigens trotzdem sehr schlank, zumindest noch.

SAUCENBUDDY DER KLÖPSCHEN RANCHEROS (S. 58)

DOUBLE-BURN HABANERO SAUCE

Zum Hantieren mit den Chilischoten Einweg-Handschuhe anziehen. Die Habaneros waschen, halbieren und den Stiel entfernen. Die Zwiebeln und den Knoblauch schälen und grob hacken.

Chilis, Zwiebeln und Knoblauch mit den anderen Zutaten in einen Topf geben und etwa 20 Minuten offen köcheln lassen. Die Mischung mit einem Stabmixer fein pürieren und weitere 10 Minuten köcheln lassen.

Die kochend heiße Sauce in sterilisierte Schraubgläser abfüllen. Die Ränder sauber halten. Die Gläser sofort verschließen und umdrehen, damit ein Vakuum entsteht.

Die Sauce ist dann circa 1 Jahr haltbar.

ZUTATEN
FÜR 5–6 KLEINE GLÄSER

600 g rote Habanero-Chilis
1 rote Zwiebel
6 Knoblauchzehen
100 ml Branntweinessig (10 %)
150 ml Apfelessig
4 TL weißer Zucker
2 TL brauner Zucker
2 TL Koriandersamen, gemahlen
2 TL Salz
600 ml Wasser

KLOTZEN STATT KLECKERN IST DAS MOTTO BEI DEN LUXUSBULETTEN. MAN GÖNNT SICH JA SCHLIESSLICH SONST NICHTS. DIESE AUSGEFALLENEN HACKBÄLLCHEN-KREATIONEN SIND DAS HIGHLIGHT AUF DER FESTTAFEL ODER BEI EINEM FÜRSTLICHEN DINER.

ALSO SCHNELL DAS TAFELSILBER PUTZEN, DIE DAMASTTISCHDECKEN BÜGELN UND DIE KRISTALLGLÄSER POLIEREN – DENN DIESE BULETTEN BRAUCHEN EINE ANGEMESSENE BÜHNE!

SCHWIMMENDE ENTENBULETTCHEN

IN MARONEN-VANILLE-CREMESUPPE

16 BULETTEN
- 400 g Entenbrust
- 1 Scheibe Vollkorntoast, getoastet
- 2 EL frischer Thymian, gehackt
- Abrieb von 1/2 Bio-Orange
- Salz und schwarzer Pfeffer nach Geschmack
- Pflanzenöl zum Anbraten

SUPPE
- 2 Schalotten
- 200 g vorgekochte Maronen (vakuumiert)
- 100 ml trockener Weißwein
- 400 ml Enten- oder Geflügelfond
- 1/2 Vanilleschote
- 3 EL Orangenlikör (z. B. Cointreau oder Grand Marnier)
- 3 EL Orangensaft
- 2-3 Prisen Muskatnuss, gerieben
- 100 ml Schlagsahne
- Salz und schwarzer Pfeffer nach Geschmack
- 2 EL Pflanzenöl zum Anbraten

FÜR DIE BULETTEN die Entenbrust von der Haut befreien, in kleine Stücke schneiden und in einem Blitzhacker sehr fein zerkleinern wie eine Farce. Danach das Toastbrot im Blitzhacker zu feinen Bröseln verarbeiten.
Die Entenfarce und die Toastbrösel mit allen weiteren Zutaten in einer Schüssel zu einer gut bindenden Masse vermengen. Mit feuchten Händen 16 kleine Bällchen formen.
In einer Pfanne das Öl erhitzen und die Bällchen in 8-10 Minuten von allen Seiten anbraten, bis sie knusprig braun sind.

FÜR DIE SUPPE die Schalotten schälen und fein würfeln. Die Maronen grob hacken. Das Öl in einem Topf erhitzen und die Schalotten darin glasig andünsten. Dann die Maronen hinzugeben, kurz mit anschwitzen und dann mit Weißwein ablöschen.
Den Geflügelfond mit in den Topf geben und gut umrühren und auf mittlerer Stufe köcheln lassen. Die Vanilleschote mit einem scharfen Messer längs aufschlitzen und das Mark herauskratzen. Das Mark und die Schote zusammen mit dem Orangenlikör, dem Orangensaft und Muskatnuss zur Suppe geben und alles 5 Minuten weiterköcheln lassen.
Die Vanilleschote aus dem Topf nehmen und die Suppe mit einem Stabmixer fein mixen. Nun die Sahne hinzugeben und die Suppe noch einmal erwärmen. Mit Salz und Pfeffer abschmecken.

MACH DEN ENTCHEN EIN SCHAUMBAD: ZUM AUFSCHÄUMEN MIT DEM STABMIXER DIE NICHT MEHR KOCHENDE SUPPE NAH AN DER OBERFLÄCHE MIXEN.

KLOPSE CAPRESE

GRATINIERT MIT BÜFFELMOZZARELLA, OCHSENHERZTOMATEN & ORANGENGREMOLATA

8 BULETTEN
- 1 kleine rote Zwiebel
- 2 Knoblauchzehen
- 500 g Rinderhack
- 1 Ei
- 1 TL Senf
- Abrieb von 1 Bio-Zitrone
- 5 EL Semmelbrösel
- 4 TL frischer Rosmarin, gehackt
- Salz und schwarzer Pfeffer nach Geschmack
- 3 EL Olivenöl zum Anbraten

AUSSERDEM
- 300 g Ochsenherztomaten
- 2-3 Spritzer Zitronensaft
- Pfeffer und Salz nach Geschmack
- 2-3 Zweige frischer Thymian
- 2 Kugeln Büffelmozzarella (ca. 250 g)
- Auflaufform mit etwa 25 × 25 cm, mit Olivenöl ausgepinselt

GREMOLATA
- 3-4 Zehen Knoblauch
- Abrieb von 2 Bio-Orangen
- 2 EL frische glatte Petersilie, gehackt
- 1 Spritzer Zitronensaft
- 1 EL Olivenöl
- Salz und Pfeffer nach Geschmack

FÜR DIE BULETTEN die Zwiebel schälen und fein würfeln. Den Knoblauch schälen und fein reiben. Mit allen weiteren Zutaten in einer Schüssel zu einer gut bindenden Masse verkneten. 8 Klopse formen.
Das Öl in einer Pfanne erhitzen. Die Bällchen bei hoher Temperatur kurz von beiden Seiten scharf anbraten, bis sie knusprig braun sind. Innen sollen sie medium sein, weil sie noch im Ofen weitergaren. Sonst werden sie zu trocken.

ZUM GRATINIEREN den Backofen auf 200 °C Ober-/Unterhitze vorheizen. Die Tomaten waschen und von den Strünken befreien. Insgesamt 8 dicke Scheiben zurechtschneiden und diese in der vorbereiteten Auflaufform verteilen.
Die Tomaten mit Zitronensaft, Pfeffer und Salz würzen. Außerdem die Blättchen vom Thymianzweig rupfen und ebenfalls auf den Tomaten verteilen.
Auf jede Tomatenscheibe eine Bulette legen. Den Mozzarella in 8 gleich dicke Scheiben schneiden und auf die Buletten verteilen. Die Buletten auf der mittleren Schiene des vorgeheizten Ofens circa 10-15 Minuten backen, bis der Käse schön geschmolzen und leicht goldig ist.

FÜR DIE GREMOLATA, während die Buletten gratinieren, den Knoblauch schälen und fein reiben. Mit Orangenabrieb, Petersilie, Zitronensaft und Olivenöl vermengen und mit Salz und Pfeffer abschmecken.

ZUM SERVIEREN die Gremolata auf die fertigen Buletten verteilen. Mit Ciabatta oder Baguette genießen.

LACKIERTE LAMMBÄLLCHEN

MIT GRANATAPFEL-DATTEL-GLASUR UND ZIEGENKÄSEPOLENTA

24 HACKBÄLLCHEN
- 1 kleine rote Zwiebel
- 1 Knoblauchzehe
- 500 g gemischtes Hack vom Lamm und Rind
- 1 Ei
- 4 EL Semmelbrösel
- 2 TL frischer Thymian, gehackt
- 1 TL Cumin (Kreuzkümmel), gemahlen, 1/2 TL Pimentpulver,
- 1 Msp. Cayennepfeffer, 1/4 TL Zimt
- Salz und schwarzer Pfeffer nach Geschmack
- 3 EL Pflanzenöl zum Anbraten

GLASUR
- 400 ml Granatapfelsaft (Direktsaft!)
- 5 EL Dattel- oder Zuckerrübensirup
- 3 Spritzer Worcestersauce
- 2 TL Speisestärke
- Salz und schwarzer Pfeffer nach Geschmack

POLENTA
- 800 ml Wasser
- 200 ml Gemüsefond
- 1/2 TL Salz
- 250 g Instant-Polenta
- 2 TL frischer Thymian, gehackt
- 1 EL Olivenöl
- Pfeffer nach Geschmack
- 150 g Ziegenfrischkäse

UND
- einige Granatapfelkerne zum Servieren

FÜR DIE HACKBÄLLCHEN die Zwiebel in feine Würfel schneiden und den Knoblauch fein reiben. Mit allen weiteren Zutaten in einer Schüssel zu einer gut bindenden Masse verkneten. 24 runde Bällchen formen. In einer Pfanne das Öl erhitzen und die Buletten in etwa 10 Minuten rundum knusprig anbraten.

FÜR DIE GLASUR Saft, Sirup und Worcestersauce in einen kleinen Topf geben und 5 Minuten bei mittlerer Temperatur offen köcheln lassen. Zum Binden in einer kleinen Schüssel die Speisestärke mit 2 EL Wasser glatt rühren. Die Mischung mit einem Schneebesen in die Sauce einrühren und kurz mit aufkochen, bis sie eindickt. Die fertige Glasur mit Salz und Pfeffer abschmecken. Die Hackbällchen hineingeben, sorgfältig darin wenden und 2–3 Minuten darin ziehen lassen.

FÜR DIE POLENTA Wasser, Gemüsefond und Salz in einem Topf aufkochen lassen, dann die Polenta mit einem Schneebesen einrühren und den Herd ausschalten. Den Topf auf der Herdplatte lassen. Thymian und das Olivenöl mit einrühren. Die Polenta mit Salz und Pfeffer abschmecken. Während sie etwas zieht, den Ziegenkäse in kleine Stücke schneiden und ebenfalls unterrühren. Dabei nicht ganz vermischen, es sollen noch Stücke vom Ziegenkäse sichtbar sein.

Zum Servieren 2 EL Granatapfelkerne über die Hackbällchen streuen.

INSTANT-POLENTA GEHT SEHR SCHNELL. NATÜRLICH KANN AUCH NORMALE POLENTA VERWENDET WERDEN, DANN NACH ANWEISUNG ENTSPRECHEND LÄNGER KOCHEN.

EDLE KEILERKLOPSE

WILDSCHWEINBULETTEN MIT HASELNUSSRISOTTO & MARSALAFEIGEN

24 BULETTCHEN
- 100 g weißer Schweinerückenspeck
- 400 g Wildschweingulasch
- 1 Ei
- 4 EL Semmelbrösel
- 2 TL frischer Rosmarin, gehackt
- 2 TL frischer Thymian, gehackt
- 2 Msp. Piment
- 2 Msp. Ingwerpulver
- 1 Msp. Zimt
- Salz und Pfeffer nach Geschmack
- 1 EL Butterschmalz zum Anbraten

HASELNUSSRISOTTO
- 70 g ganze Haselnüsse
- 1 l Rinderfond
- 200 ml Wasser
- 2-3 mittelgroße Schalotten
- 400 g Risottoreis (Arborio)
- 100 ml Weißwein
- 1 TL frischer Rosmarin, gehackt
- 2 TL frischer Ingwer, gerieben
- 50 g geriebener Parmesan
- 1 TL Butter
- Salz und Pfeffer nach Geschmack
- 5 EL Olivenöl zum Anbraten

FEIGEN
- 4 frische Feigen
- 1 TL Rohrzucker
- 100 ml Marsala
- Salz nach Geschmack

FÜR DIE BULETTCHEN den Speck in kleine Stücke schneiden und mit dem Gulasch durch die feine Lochscheibe des Fleischwolfs drehen oder im Blitzhacker fein zerkleinern. Das Hackfleisch in einer großen Schüssel mit allen weiteren Zutaten zu einer gut bindenden Masse verkneten und mit Salz und Pfeffer abschmecken. 24 Bulettchen formen.
In einer Pfanne das Butterschmalz erhitzen und die Bulettchen zunächst bei starker Hitze von einer Seite scharf anbraten. Sobald sich eine leichte braune Kruste gebildet hat, wenden und die Temperatur auf mittlere Stufe reduzieren. In 9-10 Minuten unter mehrfachem Wenden durchbraten. Das Bratfett aufbewahren.

FÜR DAS HASELNUSSRISOTTO die Haselnüsse in einer Pfanne ohne Fett anrösten und anschließend grob hacken. Beiseitestellen. Den Rinderfond mit 200 ml Wasser in einen Topf geben und erhitzen.
Die Schalotten schälen und fein würfeln. In einem Topf das Olivenöl erhitzen und die Schalotten bei mittlerer Hitze glasig anschwitzen. Anschließend den Risottoreis dazugeben und unter ständigem Rühren glasig braten. Dann mit Weißwein ablöschen und Rosmarin und Ingwer hinzugeben.
Nun immer 1 Schöpfkelle Fond hinzugeben – der Reis sollte immer mit Fond bedeckt sein – und den Reis unter ständigem Rühren köcheln lassen, bis er den Fond aufgesaugt hat. Auf diese Weise kellenweise den gesamten Fond einarbeiten. Nach 25-30 Minuten sollte der Reis gar sein. Ansonsten weiter kellenweise Wasser einkochen lassen. Direkt vor dem Servieren die Nüsse, den Parmesan und die Butter unterrühren. Mit Salz und Pfeffer abschmecken.

FÜR DIE MARSALAFEIGEN die Feigen waschen, vierteln und kurz im Bulettenfett rundum anbraten. Mit Zucker bestreuen und leicht karamellisieren lassen. Dann mit Marsala ablöschen und die Sauce einkochen lassen, bis sie sirupartig eingedickt ist. Mit etwas Salz abschmecken.

COOKED IN LUXURY

HÄHNCHEN-ZITRONEN-BULETTEN IM PERGAMENTPAPIER MIT FENCHELMAYO

FENCHELMAYONNAISE
- 5 EL Mayonnaise, selbst gemacht (→ S. 123) oder gekauft, Abrieb von 1/2 Bio-Zitrone, 1 TL Zitronensaft, 1 TL Honig, 1 TL frischer Thymian, gehackt, 2 TL Fenchelsamen, gemörsert, Zitronenpfeffer und Salz nach Geschmack

SAUCE
- 80 ml trockener Weißwein
- 2 EL Olivenöl, Saft von 1 Zitrone
- 1 TL Zucker
- Salz und Pfeffer nach Geschmack

BULETTEN
- 600 g Hähnchenbrust
- 2 Knoblauchzehen
- 1 Ei, 4 EL Semmelbrösel
- 3 TL frischer Rosmarin, gehackt,
- 3 TL frischer Thymian, gehackt
- Abrieb von 1 Bio-Zitrone
- 2 Msp. Chilipulver oder -flocken
- 1 TL grober Dijonsenf
- Salz und Pfeffer nach Geschmack

PÄCKCHEN
- 4 Knoblauchzehen
- 4 nicht zu reife/weiche Aprikosen
- 4 frische Thymianzweige
- 4 kleine frische Rosmarinzweige
- 4 Bio-Zitronenscheiben (ohne Kerne)
- 8 Stück Pergamentpapier 25 × 25 cm
- 4 Stück lebensmitteltaugliche Schnur → 15 cm
- tiefes Backblech

FÜR DIE FENCHELMAYONNAISE alle Zutaten mit der Mayonnaise vermengen.

FÜR DIE SAUCE alle Zutaten in einer Schüssel mischen und beiseitestellen.

FÜR DIE BULETTEN die Hähnchenbrust in Stücke schneiden und im Blitzhacker fein zerkleinern. Den Knoblauch schälen und fein reiben. In einer Schüssel alle Zutaten zu einer gut bindenden Masse verkneten. Mit feuchten Händen 12 kugelförmige Buletten formen.

FÜR DIE PÄCKCHEN den Backofen auf 200 °C Ober-/Unterhitze vorheizen. Die Knoblauchzehen schälen und halbieren. Die Aprikosen waschen, vierteln und den Stein herausnehmen.
Zum Füllen der 4 Päckchen pro Portion 2 Lagen Pergamentpapier in eine kleine Schüssel oder Müslischale hineindrücken. In die Mulde 3 Buletten legen und mit 5 Esslöffeln Sauce übergießen. Je 2 Knoblauchhälften, 4 Aprikosenviertel und je 1 Zweig Thymian und Rosmarin sowie 1 Zitronenscheibe dazulegen. Die Enden des Pergamentpapiers zusammennehmen und mit dem Bindfaden zu einem nicht zu engen Päckchen verschließen, die Buletten sollen sich nicht verformen.
Im vorgeheizten Ofen 40 Minuten garen.
Dazu schmeckt am besten knuspriges Baguette oder Ciabatta.

**AROMA-PACKUNG:
DURCH DAS GAREN IM PERGAMENTPAPIER BLEIBEN DIE ÄTHERISCHEN ÖLE EINGESCHLOSSEN, DIE BULETTEN WERDEN SAFTIG-ZART UND DUFTEND.**

BOULETTE LAPIN

KANINCHENKLOPSE MIT KRÄUTERSEITLINGEN & ROTWEINSCHALOTTEN

BULETTENSUD
- 400 ml Gemüsefond
- 100 ml trockener Weißwein
- 1 Lorbeerblatt
- je 3 Nelken, Pimentkörner, Wacholderbeeren

24 BULETTCHEN
- 50 g altbackenes Weißbrot, gewürfelt
- 50 ml Milch
- 100 ml Sahne
- 600 g Kaninchenfilet
- 1 Ei, 2 TL Trüffelöl
- 1 TL frischer Thymian, gehackt
- 1/4 TL roter Kampot-Pfeffer, gemahlen
- 1/4 TL Salz

SAUCE
- Bulettensud
- 100 ml Sahne
- 1 EL Speisestärke

SCHALOTTEN
- 150 g Schalotten
- 200 ml trockener Rotwein
- 50 ml Ahornsirup
- Salz und Pfeffer nach Geschmack

UND
- 500 g Mafaldine (Pasta)
- 200 g Kräuterseitlinge
- 3 EL Olivenöl
- 2 Thymianzweige
- Salz und Pfeffer nach Geschmack

FÜR DEN BULETTENSUD in einem Topf den Gemüsefond, den Weißwein und die Gewürze erhitzen.

FÜR DIE BULETTCHEN das Weißbrot in einer Schüssel mit der Milch und der Sahne einige Minuten ziehen lassen. Anschließend mit einer Gabel fein zerdrücken. Inzwischen das Kaninchenfilet in kleine Stücke schneiden und durch die feine Lochscheibe des Fleischwolfs drehen.
In einer großen Schüssel das Hackfleisch mit dem Weißbrot, dem Ei, dem Öl, Thymian, Pfeffer und Salz zu einer gut bindenden Masse verkneten. 24 kleine Bällchen formen. Die Bällchen in den sanft wallenden Sud geben und 15 Minuten im offenen Topf gar ziehen lassen. Keinesfalls sprudelnd kochen.

FÜR DIE SAUCE die Bällchen aus dem Sud nehmen und warm stellen. Den Sud auf dem Herd lassen, mit einem Schaumlöffel die Gewürze herausnehmen und dann die Sahne einrühren.
Zum Binden die Stärke mit 3 EL Wasser glatt rühren und mit einem Schneebesen in den Sud einrühren. Kurz aufkochen lassen, bis die Sauce eindickt. Die Bällchen zurück in die Sauce geben und warm halten.

FÜR DIE ROTWEINSCHALOTTEN diese schälen und vierteln. Mit dem Rotwein und dem Ahornsirup in einen kleinen Topf geben und bei mittlerer Hitze circa 20 Minuten einkochen lassen, bis eine sämige Sauce entstanden ist. Salzen und pfeffern.

FÜR DIE KRÄUTERSEITLINGE UND DIE NUDELN die Mafaldine in einem Topf mit Salzwasser nach Packungsanleitung kochen. Währenddessen die Kräuterseitlinge in circa 5 mm dicke Scheiben schneiden und in Olivenöl mit dem Thymian in 5-6 Minuten von beiden Seiten goldbraun anbraten. Mit Salz und frisch gemahlenem Pfeffer abschmecken.

ZUM SERVIEREN die Mafaldine mit den Bulettchen und der Sauce vermengen. Zusammen mit den Pilzen und den Schalotten anrichten.

RUNDUM VERZOGENE LUXUSHÜHNER

MAISPOULARDENKLOPSE MIT ROQUEFORTLINSEN & FENCHEL

12 BULETTEN
- 500 g Maispoularden-Filet ohne Haut
- 1-2 Frühlingszwiebeln
- 1 kleine Knoblauchzehe
- 4 EL Semmelbrösel, 1 Ei
- 1 TL grober Dijonsenf
- 1 TL Olivenöl
- 1 Spritzer Zitronensaft
- 2 TL frischer Thymian, gehackt
- 2 Msp. Cayennepfeffer
- 1 Msp. Muskatnuss, gerieben
- Salz und schwarzer Pfeffer nach Geschmack
- 4-5 EL Olivenöl zum Anbraten

LINSEN
- 250 g Berglinsen
- 100 g ganze Haselnüsse
- 100 g Roquefort
- 3 cm frischer Ingwer
- 2 Schalotten
- 2 TL Honig, 2 TL Walnussöl
- 1 TL frischer Thymian, gehackt
- 2 Msp. Cayenne-Pfeffer
- Salz und schwarzer Pfeffer nach Geschmack

FENCHEL
- 400 g Gemüsefenchel
- 4 TL brauner Zucker
- 50 ml Weißwein
- 1 Spritzer Zitrone
- Salz und Pfeffer nach Geschmack
- 2 EL Olivenöl zum Braten

FÜR DIE BULETTEN das Poulardenfleisch in Stücke schneiden, portionsweise mit dem Blitzhacker fein zerkleinern und in eine Schüssel geben. Die Frühlingszwiebel waschen und fein hacken, den Knoblauch schälen und reiben. Beides zum Fleisch geben.
Mit den restlichen Zutaten zu einer gut bindenden Masse verkneten. Mit feuchten Händen 12 Buletten formen.
Das Olivenöl in einer beschichteten Pfanne erhitzen und die Buletten von allen Seiten in 8-10 Minuten von beiden Seiten knusprig anbraten. Das Bratfett in der Pfanne aufbewahren.

FÜR DIE LINSEN diese nach Packungsanweisung in ungesalzenem Wasser bissfest garen. Nach dem Kochen mit kalten Wasser abspülen, bis die Flüssigkeit klar ist. Dann gut abtropfen lassen.
Inzwischen die Haselnüsse grob hacken und in einer Pfanne ohne Fett anrösten. Den Roquefort in kleine Stücke schneiden. Den Ingwer schälen und reiben.
Die Schalotten schälen, fein würfeln und im Bulettenfett glasig anbraten. Anschließend die Linsen hinzugeben und erhitzen. Dann den Herd ausschalten, die Pfanne aber auf dem Herd lassen und alle vorbereiteten Zutaten sowie Honig, Öl und die Gewürze unterrühren. Die Linsen werden lauwarm serviert.

FÜR DEN KARAMELLISIERTEN FENCHEL diesen waschen, Strunk und Stiele entfernen. Das Fenchelkraut fein hacken und zum Servieren beiseitelegen. Die Knolle längs achteln. In einer Pfanne das Olivenöl erhitzen und den Fenchel für 2-3 Minuten scharf anbraten, bis er leicht gebräunt ist.
Den Zucker über den Fenchel streuen und etwa 1 Minute vorsichtig karamellisieren lassen. Der Zucker darf nicht schwarz werden, sonst schmeckt der Fenchel bitter.
Mit Weißwein ablöschen und die Flüssigkeit vollständig einkochen lassen. Abschließend mit etwas Zitronensaft, Salz und Pfeffer abschmecken und mit Fenchelgrün bestreut servieren.

LASS DIE SAU RAUS

BULETTE VOM DUROC-SCHWEIN MIT INGWER-MAIRÜBCHEN & PORTWEINJUS

12 BULETTEN
50 g altbackenes gewürfeltes Weißbrot, 100 ml Milch
500 g Schweineschulter vom Duroc-Schwein, 100 g Pancetta
1 Schalotte, 1 Ei, 1 TL Dijonsenf
1 TL Honig, 2 TL frischer Thymian, gehackt, 1/4 TL Muskatblüte (Macis), gemahlen, 1/4 TL Piment, gemahlen, 1 Msp. Chilipulver, Salz und schwarzer Pfeffer nach Geschmack
1 EL Butterschmalz zum Anbraten

MAIRÜBCHEN
500 g Mairübchen, 1 walnussgroßes Stück frischer Ingwer
50 ml trockener Weißwein
1 TL frischer Thymian, gehackt, 1 TL Honig, 2 Msp. Muskatnuss, gerieben, 2 EL Schmand, 1 TL Butter, Salz und Pfeffer nach Geschmack
2 EL Olivenöl zum Anbraten

PORTWEINJUS
1/2 cm frischer Ingwer, 1 rote Zwiebel
1 TL brauner Zucker, 300 ml Portwein
1 TL Aceto Balsamico, 3-4 Zweige frischer Thymian, 1 Lorbeerblatt
jeweils 3 Nelken, Pimentkörner, Muskatblüten (Macis) und Wacholderbeeren, 1 Anisstern,
1/4 TL Sumach, 1 EL Johannisbeergelee, 1 TL kalte Butter
1 EL Olivenöl zum Anbraten

UND
800 g kleine Drillinge, 2 EL Olivenöl
2 Zweige frischer Rosmarin, Salz und Pfeffer nach Geschmack

FÜR DIE BULETTEN das Brot einige Minuten in der Milch ziehen lassen. Dann gut ausdrücken und mit einer Gabel fein zerkleinern. Die Schweineschulter und den Pancetta in grobe Stücke schneiden und durch die feine Lochscheibe des Fleischwolfs drehen. Die Schalotte schälen und fein würfeln.
Alle Zutaten zu einer gut bindenden Masse verkneten. Mit Salz und Pfeffer abschmecken. 12 Buletten formen.
In einer Pfanne etwas Butterschmalz erhitzen und die Buletten zunächst bei starker Hitze von einer Seite scharf anbraten. Dann wenden und die Temperatur auf mittlere Stufe reduzieren. In 10-12 Minuten unter mehrfachem Wenden durchbraten.

FÜR DIE MAIRÜBCHEN diese putzen, schälen und in mundgerechte Stücke schneiden. Den Ingwer schälen und fein reiben. Das Olivenöl in einer Pfanne erhitzen und die Rübchen 3-4 Minuten anbraten. Mit dem Weißwein ablöschen.
Ingwer, Thymian, Honig und Muskat dazugeben und alles weitergaren, bis der Weißwein verkocht ist. Nun den Schmand unterrühren. Abschließend die Butter hinzugeben und die Rübchen mit Salz und Pfeffer abschmecken.

FÜR DIE PORTWEINJUS den Ingwer schälen und fein reiben. Die Zwiebel schälen und fein würfeln. In einem Topf die Zwiebeln in Olivenöl leicht braun anbraten. Dann mit Zucker bestreuen und hell karamellisieren lassen. Mit dem Portwein ablöschen.
Den Essig, den Thymian und alle trockenen Gewürze dazugeben und alles 10 Minuten bei mittlerer Hitze köcheln lassen. Die Sauce anschließend durch ein feinmaschiges Sieb seihen und mit dem Johannisbeergelee zurück in den Topf geben. Offen einkochen lassen, bis sie eine sirupartige Konsistenz hat. Vor dem Servieren die kalte Butter einrühren.

FÜR DIE DRILLINGE die Kartoffeln 10-15 Minuten in Salzwasser garen. Abgießen, schälen und in Olivenöl zusammen mit dem Rosmarin in 7-8 Minuten von allen Seiten braun anbraten. Mit Salz und Pfeffer abschmecken.

GOLDEN-WAGYU-BULETTEN

MIT CHAMPAGNERKRAUT UND STEINPILZEN

12 BULETTEN
- 50 g gewürfeltes altbackenes Baguette
- 500 g Hackfleisch vom Wagyu-Rind (gibt es im Internet zu bestellen)
- 1/2 TL Salz
- 1/2 TL roter Kampot-Pfeffer
- 1 EL Butterschmalz zum Anbraten
- 12 Stück essbares Blattgold (ca. 3,5 × 3,5 cm) zum Garnieren

CHAMPAGNERKRAUT
- 250 ml Champagner
- jeweils 3 Nelken, Pimentkörner, Muskatblüten (Macis), Wacholderbeeren
- 1 Lorbeerblatt
- 2 Schalotten
- 500 mildes Sauerkraut
- 1 TL Honig
- 200 g Sahne
- Salz und Pfeffer nach Geschmack
- 1 TL Butterschmalz zum Anbraten

STEINPILZE
- 200 g frische Steinpilze
- 3-4 Thymianzweige
- 1/4 TL Schokoladenpfeffer
- Fleur de Sel nack Geschmack
- 3 EL Olivenöl zum Anbraten

FÜR DIE BULETTEN das Brot in einem Blitzhacker fein zerkleinern. In einer großen Schüssel Hackfleisch, Brotbrösel, Salz und Pfeffer zu einer gut bindenden Masse verkneten. 12 Buletten formen.
In einer Pfanne das Butterschmalz erhitzen und die Buletten zunächst bei starker Hitze von einer Seite scharf anbraten. Sobald sich eine leichte braune Kruste gebildet hat, wenden und die Temperatur auf mittlere Stufe reduzieren. Die Buletten in 10-12 Minuten unter mehrfachem Wenden durchbraten.
Zum Servieren mit einem breiten weichen Pinsel die Blattgoldstückchen einzeln vom Trägerpapier abnehmen und auf jede Bulette eines leicht festdrücken.

FÜR DAS CHAMPAGNERKRAUT den Champagner mit den Gewürzen in einen Topf geben und 10 Minuten offen einköcheln lassen. Den Sud anschließend durch ein feines Sieb abfiltern und in einem Gefäß beiseitestellen.
Die Schalotten schälen und fein würfeln. In einem Topf das Butterschmalz erhitzen und die Schalottenwürfel glasig anschwitzen. Anschließend mit dem Champagnersud ablöschen. Das Sauerkraut und den Honig dazugeben geben und das Kraut bei kleiner Hitze offen köcheln lassen, bis die Flüssigkeit verdampft ist.
Die Sahne hinzugeben und das Kraut weiterköcheln lassen, bis es sämig geworden ist. Mit Salz und Pfeffer abschmecken.

FÜR DIE STEINPILZE die Pilze mit Küchenkrepp und einem Pinsel vorsichtig putzen - nicht waschen, sonst leidet der Geschmack. Dann in ca. 0,5 cm dicke Scheiben schneiden.
Das Olivenöl in einer Pfanne erhitzen und die Pilze zusammen mit den Thymianzweigen von allen Seiten in 2-3 Minuten goldbraun anbraten. Mit Schokoladenpfeffer und Fleur de Sel abschmecken.

KAFFEE CHILI SAUCE

ZUTATEN FÜR 4 PORTIONEN
1 rote Chilischote
1 rote Zwiebel
4 Knoblauchzehen
2 cm frischer Ingwer
1 EL Tomatenmark
je 1/4 TL Muskatblüte (Macis), gemahlen, Pimentkörner und Nelken
3 TL brauner Zucker
100 ml starker Kaffee
1 EL Aceto Balsamico
1/4–1/2 TL Chipotle-Chilipulver
1/4 TL Rauchsalz
2 Msp. schwarzer Pfeffer
2 EL Olivenöl zum Anbraten

Die Chilischote vom Strunk befreien, entkernen und fein hacken. Die Zwiebel schälen und fein würfeln, den Knoblauch schälen und fein reiben. Den Ingwer schälen und fein reiben.

Das Olivenöl in einem Topf erhitzen. Die Zwiebeln mit dem Ingwer glasig anschwitzen, dann das Tomatenmark hinzugeben und kurz mit anbraten.

Alle weiteren Zutaten unterrühren und die Sauce 5 Minuten bei kleiner Hitze köcheln lassen. Abschließend mit einem Stabmixer pürieren.

BULETTEN KURIOSITÄTEN

DIE TEUERSTE BULETTE DER WELT KOSTET 250 000 EURO. DAS FLEISCH WURDE VON FORSCHERN AUS MUSKELZELLEN EINES LEBENDEN RINDS IN EINER PETRISCHALE GEZÜCHTET. DIE HERSTELLUNG HAT RUND SECHS WOCHEN GEDAUERT.

SAUCENBUDDY DER KEILERKLOPSE (S. 90)

CRANBERRY-ORANGEN SAUCE MIT SCHUSS

Die Cranberrys mit dem Wasser in einem kleinen Topf zum Kochen bringen und circa 10 Minuten köcheln lassen, bis alle Beeren geplatzt sind.

Dann Zitronensaft, Orangenlikör, Orangenabrieb und Zucker dazugeben und 2-3 Minuten mit köcheln lassen.

Zum Binden die Speisestärke mit 3 EL Wasser glatt rühren. Die Mischung in die Sauce rühren und diese nochmals kurz aufkochen lassen, bis sie eindickt. Sollte die Sauce noch zu dünnflüssig sein, löffelweise etwas mehr gelöste Stärke hinzugeben.

ZUTATEN FÜR 4-6 PORTIONEN

150 g frische Cranberrys
200 ml Wasser
1 TL Zitronensaft
2 EL Orangenlikör (z. B. Cointreau oder Grand Marnier)
Abrieb von 1/2 unbehandelten Orange
5 EL Zucker
1 TL Speisestärke

ES MUSS NICHT IMMER FLEISCH SEIN. AUCH FISCH,
GARNELEN UND KREBSE EIGNEN SICH HERVORRAGEND ZUR HERSTELLUNG
KÖSTLICHER FRIKADELLEN UND BÄLLCHEN.

WIE DIE BULETTEN AUS FLEISCH SIND AUCH DIE VERWANDTEN
AUS DEM MEER VIELSEITIG UND ABWECHSLUNGSREICH.
OB GEBRATEN, IN DER SUPPE ODER IN WÜRZIGER SAUCE GEGART –
DIESE FISCHKLOPSE MACHEN LUST AUF MEER!

KRABBENCOCKTAIL 2.0

GARNELENBÄLLCHEN UND MANGO-PAPRIKA-GAZPACHO

20 BÄLLCHEN
- 500 g frische oder aufgetaute Garnelen ohne Schale
- 1 Ei
- 5 EL Semmelbrösel
- Abrieb von 1 Bio-Limette
- 1/2 TL Chiliflocken
- Salz und Pfeffer nach Geschmack
- 3-4 EL Pflanzenöl zum Anbraten

MANGO-PAPRIKA-GAZPACHO
- 2 reife Mangos
- 500 g gelbe Paprikaschoten
- 1/2 Zwiebel
- 2 Knoblauchzehen
- 1/2 frische rote Chilischote
- 2 Scheiben Weizentoastbrot, gewürfelt
- 2 EL Olivenöl
- Saft von 1 Zitrone
- 1 TL Zucker
- Salz und schwarzer Pfeffer nach Geschmack

AUSSERDEM
- 3 Scheiben Weizentoastbrot
- 2 EL Olivenöl
- Salz und Pfeffer nach Geschmack
- 4 Schaschlikspieße
- 4 kleine Weckgläschen oder Ähnliches

FÜR DIE GARNELENBÄLLCHEN die Garnelen mit Küchenpapier gut abtrocknen, gegebenenfalls Darmreste entfernen, und mit einem Messer sehr klein schneiden. In einer Schüssel mit den restlichen Zutaten zu einer gut bindenden Masse verkneten und mit Salz und Pfeffer abschmecken. Mit feuchten Händen 20 Bällchen formen.
Das Öl in einer Pfanne erhitzen und die Bällchen bei mittlerer Hitze in 6-7 Minuten rundum goldbraun braten.

FÜR DIE MANGO-PAPRIKA-GAZPACHO die Mangos schälen, entkernen und das Fruchtfleisch in kleine Stücke schneiden. Die Paprika waschen, Strunk, Kerne sowie die weißen Rippen entfernen und sie dann ebenfalls in Stücke schneiden. Die Zwiebel schälen und grob würfeln. Den Knoblauch schälen und halbieren. Die Chilischote von den Kernen und den weißen Rippen befreien.
Die vorbereiteten Gemüse zusammen mit den restlichen Zutaten im Standmixer oder mit einem Stabmixer zu einer sämigen Suppe verarbeiten. Mit Salz und Pfeffer abschmecken.

ZUM SERVIEREN für die Croûtons das Toastbrot etwa 1 × 1 cm klein würfeln. Das Olivenöl in einer Pfanne erhitzen und die Brotwürfel darin bei mittlerer Hitze knusprig-braun rösten, dann salzen und pfeffern. Je 5 Garnelenbällchen auf einen Schaschlikspieß stecken. Die Gazpacho in kleine Gläschen geben, einige Croûtons daraufstreuen und den Bällchenspieß darüberlegen.

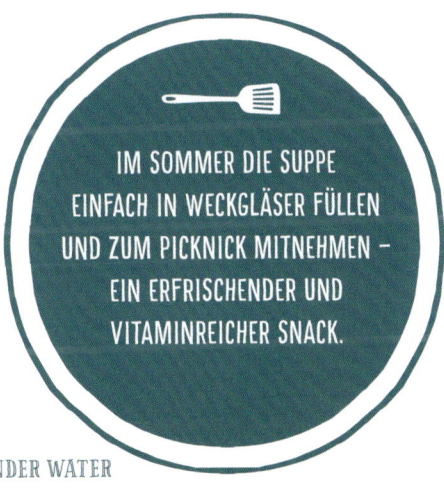

IM SOMMER DIE SUPPE EINFACH IN WECKGLÄSER FÜLLEN UND ZUM PICKNICK MITNEHMEN – EIN ERFRISCHENDER UND VITAMINREICHER SNACK.

DOSENFISCHFRIKADELLEN
VOM TUNFISCH MIT WASABI-PÜREE & INGWERTOMATEN

16 FRIKADELLEN
- 450 g Dosen-Tunfisch im eigenen Saft
- 2 Frühlingszwiebeln
- 100 g gekochte Pellkartoffeln
- 6 EL Semmelbrösel
- 2 Eier
- Abrieb von 1 Bio-Zitrone
- 1 TL Zitronensaft
- 1/4 TL Chilipulver
- Salz und Pfeffer nach Geschmack
- 4-6 EL neutrales Pflanzenöl zum Anbraten

WASABI-PÜREE
- 500 g aufgetaute Tiefkühl-Erbsen
- 100 g gekochte, geschälte Kartoffeln
- 100 ml heiße Milch
- 1-2 TL Wasabipaste
- 2 TL Butter
- Salz nach Geschmack

TOMATEN
- 250 g Kirsch- oder Datteltomaten
- 1 TL fein geriebener frischer Ingwer
- 1 TL Zucker
- Salz und Pfeffer nach Geschmack
- 2 EL Olivenöl zum Anbraten

FÜR DIE FRIKADELLEN das Tunfischfilet abgießen und gut abtropfen lassen - es sollte möglichst trocken sein. In der Zwischenzeit die Frühlingszwiebeln putzen und fein hacken. Die gekochten Kartoffeln schälen und mit einer Gabel zerdrücken.
Anschließend den Tunfisch in einer Schüssel mit einer Gabel zerrupfen und mit allen anderen Zutaten zu einer gut bindenden Masse verkneten. 16 kleine, flache Frikadellen formen.
Einen Teil des Pflanzenöl in einer Pfanne erhitzen und die Frikadellen in 8-10 Minuten rundum knusprig braun braten. Bei Bedarf weiteres Öl dazugeben, da die Buletten sehr saugen.

FÜR DAS WASABI-PÜREE die Erbsen und Kartoffeln in einem Blitzhacker pürieren und in einen Topf geben. Die heiße Milch, die Wasabipaste und Butter hinzugeben und das Püree unter ständigem Rühren erwärmen. Mit etwas Salz abschmecken. Pfeffer würde den Geschmack des Wasabis übertünchen!

FÜR DIE INGWERTOMATEN die Tomaten waschen und halbieren. In einer Pfanne das Öl erhitzen und die Tomaten kurz anbraten, dann den Ingwer und den Zucker hinzugeben und 2-3 Minuten weiterbraten. Mit Salz und Pfeffer abschmecken.

SCHLEMMEN AUS DER KONSERVE: DIESE BULETTEN KANNST DU FAST KOMPLETT AUS DEM VORRATSSCHRANK HERAUSKOCHEN. KARTOFFEL VOM VORTAG UND EINIGE TOMATEN – FERTIG!

Fischfrikadelle Deluxe

VOM STEINBEISSER MIT VITELOTTENGRATIN UND KAVIAR

12 FRIKADELLEN
- 500 g Steinbeißer-Filet
- 75 g Weizentoastbrot
- 1 Schalotte
- 2 Eier
- 1 TL Dijonsenf
- 1 EL frischer Kerbel, gehackt
- 1 EL frische Zitronenverbene, gehackt
- Abrieb von 1/2 Bio-Zitrone
- 1 TL Zitronensaft
- Salz und Pfeffer nach Geschmack
- 1,5 EL Butterschmalz zum Anbraten

KARTOFFELGRATIN
- 300 g festkochende lila Kartoffeln (z. B. Vitelotte)
- 300 g festkochende helle Kartoffeln
- Salz und Pfeffer nach Geschmack
- 1 EL Parmesan, gerieben
- Backblech mit Backpapier
- 1-2 EL Olivenöl zum Bepinseln

KERBELDIP
- 200 g Schmand
- 1 EL Kerbel
- 1/2 TL Zitronenschalenabrieb
- Salz und Pfeffer nach Geschmack
- 100 g Lachs- oder Forellenkaviar zum Servieren

FÜR DIE STEINBEISSER-FRIKADELLEN den Fisch mit einer Küchenrolle gut abtrocknen. Das Filet sehr klein schneiden, sodass keine groben Stücke mehr vorhanden sind, und in eine große Schüssel geben.
Das Toastbrot mit einem Blitzhacker fein zerkleinern. Die Schalotte schälen und fein würfeln. Beides mit allen anderen Zutaten zum Fisch geben und zu einer gut bindenden Masse verkneten. 12 gleich große Frikadellen formen.
In einer Pfanne etwas Butterschmalz erhitzen und die Frikadellen zunächst bei starker Hitze von einer Seite scharf anbraten. Sobald sich eine leichte braune Kruste gebildet hat, wenden und die Temperatur auf mittlere Stufe reduzieren. Die Frikadellen in 10-12 Minuten unter mehrfachem Wenden durchbraten.

FÜR DIE GRATINS den Backofen auf 200 °C Ober-/Unterhitze vorheizen. Die Kartoffeln schälen und in feine Scheiben (2-3 mm) schneiden oder hobeln. Ein Backblech mit Backpapier auslegen und mit Olivenöl einpinseln. Die Kartoffelscheiben farblich abwechselnd zu insgesamt 4 Kreisen überlappend auf dem Blech auslegen, salzen und pfeffern. Die Gratins mit Parmesan bestreuen und 10-15 Minuten backen.

FÜR DEN DIP Schmand, Kerbel und Zitronenabrieb glatt rühren. Mit Salz und Pfeffer abschmecken.
Die Frikadellen mit dem Gratin, einem Klecks Kerbeldip und etwas Kaviar servieren.

DIE VITELOTTE, DIE BLAUE FRANZÖSISCHE TRÜFFELKARTOFFEL, IST EINE UR-KARTOFFELSORTE UND SCHMECKT KÖSTLICH NUSSIG, FAST WIE ESSKASTANIEN.

STREMELLACHSKLOPSE

FRIKADELLEN AUS ZWEIERLEI LACHS & GIN-GURKEN-BIRNEN-SALAT

SALAT
- 1 Salatgurke
- 1 reife Birne
- 3 EL Weißweinessig
- 4-5 EL Gin
- 4 EL Olivenöl
- 1 TL Honig
- 5 EL gehackter frischer Dill
- 1/4 TL Chiliflocken
- Salz und Pfeffer nach Geschmack

12 LACHSFRIKADELLEN
- 500 g frisches Lachsfilet
- 100 g Stremellachs
- 1 Schalotte
- 8 EL Semmelbrösel
- 2 Eier
- 2 TL Tafelmeerrettich
- Abrieb von 1 Bio-Zitrone
- 3-4 EL gehackte frische glatte Petersilie
- 4-5 EL gehackter frischer Dill
- 1/2 TL getrocknete, gemahlene Chiliflocken
- 1/2 TL gemahlener Pfeffer
- 1/4 TL Salz
- 2 EL Butterschmalz zum Anbraten

FÜR DEN SALAT die Gurke waschen, aber nicht schälen und in etwa 1 × 1 cm große Würfel schneiden. Die Birne waschen, vierteln, entkernen und wie die Gurke würfeln. Beides in eine Schüssel geben.
In einer kleinen Schüssel die restlichen Zutaten zu einem Dressing mischen und die Gurken-Birnen-Mischung damit marinieren.

FÜR DIE LACHSFRIKADELLEN das Lachsfilet bei Bedarf mit einem Filetiermesser von der Haut befreien. Tran – das sind die bräunlich verfärbten Stellen – ebenfalls entfernen. Den Fisch anschließend sehr fein würfeln. Den Stremellachs auf dieselbe Weise putzen und zerkleinern. Die Schalotte schälen und fein würfeln.
Fisch und Zwiebelwürfel in einer großen Schüssel mit den restlichen Zutaten zu einer gut bindenden Masse verkneten. 8 gleich große Frikadellen formen.
In einer Pfanne etwas Butterschmalz heiß werden lassen und die Frikadellen zunächst bei starker Hitze von einer Seite scharf anbraten. Sobald sich eine leichte braune Kruste gebildet hat, wenden und die Temperatur auf mittlere Stufe reduzieren. Die Buletten in 10-12 Minuten unter mehrfachem Wenden durchbraten.

STREMELLACHS IST EINE PREUSSISCHE SPEZIALITÄT: GEWÜRZTER, IN STREIFEN, »STREMEL« GESCHNITTENER, HEISS GERÄUCHERTER LACHS.

KREBSFLEISCHBULETTEN

AM SPIESS MIT ORANGEN-CHILI-DIP UND SESAMREIS

16 BULETTEN
- 400 g gekochtes Krebsfleisch
- 70 g Weizentoast
- 1 Frühlingszwiebel
- 2-3 frische Kaffirlimettenblätter
- 1 Stängel Lemongrass
- 2-3 cm frischer Ingwer
- 2 Eier
- 1 TL Fischsauce
- 1 EL frisches Koriandergrün, gehackt
- Salz nach Geschmack
- 4 EL neutrales Pflanzenöl zum Anbraten
- 16 frische Kaffirlimettenblätter zum Aufspießen
- 8 Holzspieße

ORANGEN-CHILI-SAUCE
- 1 Knoblauchzehe
- 1/4 TL frische Chilischote ohne Kerne, gehackt
- Saft und Abrieb von 1 Bio-Orange
- 2 EL Reisessig
- 4 TL Fischsauce
- 4 TL Zucker

SESAMREIS
- 250 g Basmatireis
- 4 EL Sesamkörner
- 2 TL Sesamöl
- Salz nach Geschmack

FÜR DIE BULETTEN das Krebfleisch mit etwas Küchenrolle gründlich trockentupfen und in einem Blitzhacker fein zerkleinern. Das Toastbrot ebenfalls mit dem Blitzhacker fein zerkleinern. Die Frühlingszwiebel putzen und fein hacken, die Kaffirlimettenblätter sehr klein schneiden. Das Lemongrass von den Enden befreien und fein reiben. Den Ingwer schälen und fein reiben.
Alle Zutaten in einer großen Schüssel zu einer gut bindenden Masse verkneten. Nach Geschmack etwas salzen.
26 kleine, flache Buletten formen. Das Pflanzenöl in einer Pfanne erhitzen und die Buletten in 3-4 Minuten auf beiden Seiten knusprig braun anbraten. Zum Servieren je 2 Buletten zusammen mit 2 Kaffirlimettenblättern auf einen Holzspieß stecken.

FÜR DEN ORANGEN-CHILI-DIP den Knoblauch schälen und fein reiben. Alle Zutaten zu einem glatten Dip verrühren.

FÜR DEN SESAMREIS den Reis nach Packungsanweisung in Salzwasser kochen. Den Sesam in einer Pfanne ohne Öl anrösten. Den fertigen Reis mit den Sesamkörnern und dem Sesamöl vermengen. Bei Bedarf mit etwas Salz abschmecken.

FERTIG GEGARTES KREBSFLEISCH BEKOMMT MAN AM BESTEM TIEFGEKÜHLT IM ASIATISCHEN SUPERMARKT. DAS IST SEHR PRAKTISCH, WEIL MAN SICH DAS MÜHSAME PULEN DER KREBSE SPART.

FISCHBÄLLCHEN »AMOK«
IM BANANENBLATT

24 FISCHBÄLLCHEN
- 500 g Kabeljau (oder anderer festfleischiger weißer Fisch)
- 2 Eier
- 5 EL Semmelbrösel
- 2 TL Fischsauce
- Abrieb von 1 Bio-Limette
- 1/2 TL roter Kampot-Pfeffer
- 1/4 TL Salz

CURRYPASTE UND -SAUCE
- 1 walnussgroßes Stück Galgant
- 4 Knoblauchzehen
- 2 mittelgroße Schalotten
- 2 Stängel Lemongrass
- 1/2–1 rote Chilischote, je nach Schäferesistenz
- 1 EL Fischsauce
- Saft von 1 Limette
- 3 Kaffirlimettenblätter, grob gehackt
- 2 TL Kurkumapulver
- 1 TL Palmzucker
- 1 TL Salz
- 400 ml Fischfond
- 400 ml Kokosmilch
- 1 EL Rapsöl zum Anbraten

UND
- 150 g ganze Bananenblätter
- 32 Zahnstocher
- 2 Kaffirlimettenblätter, in sehr feine Streifen geschnitten, zum Garnieren

FÜR DIE FISCHBÄLLCHEN den Fisch waschen, sehr gut abtrocknen und gegebenenfalls noch Gräten entfernen. Anschließend in Stücke schneiden und mit einem Blitzhacker fein zerkleinern. Den Fisch mit allen weiteren Zutaten zu einer gut bindenden Masse vermengen und 24 kleine Bällchen formen.

FÜR DIE CURRYPASTE den Galgant schälen und in kleine Stücke schneiden. Die Knoblauchzehen schälen. Die Schalotten schälen und grob würfeln. Vom Lemongrass den Strunk und das Ende entfernen und den Rest in kleine Stücke schneiden. Den Stielansatz der Chilischote entfernen. Alles zusammen mit der Fischsauce, dem Limettensaft, den Limettenblättern und den Gewürzen in einen Blitzhacker geben und zu einer feinen Paste verarbeiten.

FÜR DIE SAUCE in einem Topf das Öl erhitzen und die Currypaste kurz darin anbraten. Dann mit dem Fischfond ablöschen, anschließend die Kokosmilch hinzugeben. Die Sauce 10 Minuten bei mittlerer Hitze einköcheln lassen.

DIE FISCHBÄLLCHEN vorsichtig in die Sauce geben und 10 Minuten bei geschlossenem Topfdeckel und kleiner Hitze gar ziehen lassen. Zwischendurch immer wieder wenden.

FÜR DIE BANANENBLATTKÖRBCHEN währenddessen Wasser erhitzen und aus den Bananenblättern 8 Kreise mit je 20 cm Durchmesser ausschneiden. Die Blätter 1–2 Minuten in das heiße, aber nicht kochende Wasser legen. Dann herausnehmen und jeweils 2 Blätter mit den glänzenden Seiten nach außen zusammenlegen. Die Kreise an vier Seiten einschlagen und die Ecken mit Zahnstochern fixieren, sodass viereckige Körbchen entstehen.

ZUM SERVIEREN die Bällchen mit der Currysauce in den Körbchen anrichten mit den Kaffirlimettenblätter-Streifen bestreuen. Dazu passt am besten Reis.

BOULETTE Á L'OSEILLE

KABELJAUFRIKADELLEN MIT SAUERAMPFERSAUCE UND SPECKKARTOFFELN

12 FRIKADELLEN
- 500 g Kabeljaufilet
- 1 Schalotte
- 2 Scheiben Weizentoast
- 2 Eier
- 1 TL Tafelmeerrettich
- 2 EL frische glatte Petersilie, gehackt
- 1 Spritzer Zitronensaft
- Schalenabrieb von 1 Bio-Zitrone
- Salz nach Geschmack
- 5 EL Semmelbrösel zum Panieren
- 1-2 EL Butterschmalz zum Anbraten

KARTOFFELN
- 16 mittelgroße festkochende Kartoffeln (ca. 1-1,2 kg)
- 16 Scheiben Frühstücksbacon
- 32 Zahnstocher
- 1 EL Butterschmalz zum Anbraten
- 1 Zweig frischer Rosmarin
- frisch gemahlener schwarzer Pfeffer nach Geschmack

SAUERAMPFERSAUCE
- 100 ml Weißwein
- 150 ml Gemüsefond
- 1 TL Zucker
- 200 ml Sahne
- 2 TL Speisestärke
- 8 Blätter frischer Sauerampfer (franz.: oseille)
- Salz und Zitronenpfeffer nach Geschmack

FÜR DIE KABELJAUFRIKADELLEN das Fischfilet waschen, mit Küchenrolle gut abtrocknen und so klein wie möglich schneiden. In eine Schüssel geben. Die Schalotte schälen und fein würfeln. Das Toastbrot zerbröseln. Beides mit den restlichen Zutaten zum Fisch geben und alles zu einer gut bindenden Masse verkneten. Mit Salz abschmecken und 12 Frikadellen formen. Diese gleichmäßig in den Semmelbröseln wenden. Die Panade leicht andrücken.
In einer Pfanne etwas Butterschmalz erhitzen. Die Frikadellen zunächst bei starker Hitze von einer Seite scharf anbraten. Sobald sich eine leichte braune Kruste gebildet hat, wenden und die Temperatur auf mittlere Stufe reduzieren. In 10-12 Minuten unter mehrfachem Wenden durchbraten.

FÜR DIE KARTOFFELN diese sauber bürsten und mit Schale in Salzwasser in circa 15 Minuten weich kochen. Abgießen und kurz ausdampfen lassen. Inzwischen die Baconscheiben in der Mitte durchschneiden. Die fertigen Kartoffeln schälen, längs halbieren und jede Hälfte mit einem Stück Speck umwickeln. Mit einem Zahnstocher fixieren.
Das Butterschmalz in einer Pfanne erhitzen, die Kartoffeln zuerst bei hoher, dann bei mittlerer Hitze zusammen mit dem Rosmarinzweig rundum knusprig braten. Vor dem Servieren ordentlich pfeffern.

FÜR DIE SAUERAMPFERSAUCE Weißwein, Gemüsefond und Zucker in einem kleinen Topf ohne Deckel bei mittlerer Hitze 5 Minuten sprudelnd einköcheln lassen. Dann die Temperatur reduzieren und die Sahne unterrühren.
Zum Binden die Speisestärke mit 2 EL kaltem Wasser glatt rühren, dann unter ständigem Rühren in die Sauce einlaufen lassen. Noch einmal kurz aufkochen lassen, dann vom Herd nehmen. 2 Sauerampferblätter fein hacken und beiseitestellen. Den Rest grob hacken und zur Sauce geben. Diese mit einem Stabmixer fein pürieren. Mit Salz und Pfeffer abschmecken.
Zum Servieren den fein gehackten Sauerampfer unterrühren.

Bouillabaisse »Bulette«

mit Rotbarschbällchen, Muscheln, Garnelen & Rouille

20 BÄLLCHEN
- 500 g Rotbarschfilet, 1 Ei,
- 5 EL Semmelbrösel, 1 EL gehackte frische Petersilie, Abrieb von
- 1 Bio-Zitrone, Salz und Pfeffer nach Geschmack, 2 Zitronenscheiben und
- 1 TL Salz für das Kochwasser

BOUILLABAISSE
- 2 Schalotten, 2 Knoblauchzehen
- 300 g Gemüsefenchel
- 2 Zweige Rosmarin
- 5-6 Zweige Thymian
- 1 Lorbeerblatt, 3 Zweige Petersilie
- 2-3 Zweige Estragon
- 3 EL Tomatenmark, 100 ml Pastis
- 200 ml Weißwein, 1 l Fischfond
- 1 TL Zucker, 2 Zitronenscheiben
- 500 g geputzte Venusmuscheln
- 250 g Garnelen mit Schale ohne Kopf
- 3 Prisen Safranfäden
- Salz und Pfeffer nach Geschmack
- 1 Stück kochfeste Schnur
- 3 EL Olivenöl zum Anbraten

ROUILLE
- 100 g rote Paprikaschote
- 2 Knoblauchzehen
- 100 g geschälte, gekochte Kartoffeln
- 1/2 TL scharfes Paprikapulver
- 1 Prise Safranfäden
- 4 EL Mayonnaise, selbst gemacht (→ S. 123) oder gekauft
- 2 Spritzer Zitronensaft
- Salz und Pfeffer nach Geschmack

FÜR DIE FISCHBÄLLCHEN in einem Topf 3 Liter Wasser mit den Zitronenscheiben und Salz zum Sieden bringen. Das Wasser darf nicht kochen. Inzwischen den Fisch grob schneiden und in einem Blitzhacker fein zerkleinern. Mit allen übrigen Zutaten in einer großen Schüssel zu einer gut bindenden Masse verkneten. 20 Bällchen formen.
Die Fischbällchen mit einer Schöpfkelle vorsichtig in das nur sanft wallende Kochwasser geben und in etwa 10 Minuten bei geringer Hitze gar ziehen lassen. Dann aus dem Topf nehmen und beiseitestellen. Die Kochflüssigkeit aufbewahren.

FÜR DIE SUPPE die Schalotten schälen und vierteln. Den Knoblauch schälen und fein reiben. Den Fenchel von den Stielen und dem Strunk befreien, vierteln und dann in circa 0,5 cm dicke Scheiben schneiden. Die Kräuter mit einem kochfesten Faden zu einem Bouquet garni (Kräutersträußchen) binden.
In einem Topf das Olivenöl erhitzen und die Schalotten bei mittlerer Hitze glasig dünsten, dann den Fenchel noch 2-3 Minuten mitbraten. Das Tomatenmark und den Knoblauch dazugeben, kurz mit anrösten und anschließend mit Pastis und Weißwein ablöschen. Nun den Fischfond, 1 Liter des Bällchen-Kochwassers zusammen mit dem Zucker, den Zitronenscheiben und dem Bouquet garni dazugeben. Alles 15 Minuten köcheln lassen.
Das Bouquet garni aus der Suppe nehmen. Die Muscheln, die Garnelen, Safran und die Bällchen in die Suppe geben und in etwa 15 Minuten sanft gar ziehen lassen. Salzen und pfeffern.

FÜR DIE ROUILLE, während die Suppe kocht, die Paprikaschote putzen und klein würfeln. Den Knoblauch schälen und vierteln, die gekochten Kartoffeln grob zerkleinern. Alles zusammen mit Paprikapulver und Safran mit dem Blitzhacker oder dem Stabmixer zu einer feinen Paste verarbeiten. Diese mit der Mayonnaise vermischen und die Rouille abschließend mit Zitronensaft, Salz und Pfeffer abschmecken.
Zu der Suppe passt knuspriges Baguette.

KOPF SALAT SAUCE

Die Schalotte schälen und fein würfeln. Den Knoblauch schälen und in feine Scheiben schneiden. Den Apfel waschen, vierteln, entkernen und in circa 1 × 1 cm große Würfel schneiden.

Das Olivenöl in einem Topf erhitzen und die Zwiebeln und den Knoblauch glasig anschwitzen. Dann den Apfel hinzugeben und mitbraten. Anschließend mit Weißwein ablöschen, vom Herd nehmen und abkühlen lassen.

Inzwischen die Frühlingszwiebel putzen und klein schneiden. Den Salat und die Petersilie waschen, trockenschleudern und grob zerkleinern. Die abgekühlte Mischung zusammen mit allen anderen Zutaten in einem Blitzhacker oder mit dem Stabmixer fein pürieren.

ZUTATEN FÜR 4 PORTIONEN
1–2 kleine Schalotten
1 Knoblauchzehe
1 grüner Apfel
100 ml Weißwein
1 Frühlingszwiebel
150 g Kopfsalat
20 g frische Petersilie
150 g Schmand
40 ml Olivenöl
1 EL Zitronensaft
1 TL Zucker
1 EL Olivenöl zum Anbraten

BULETTEN KURIOSITÄTEN

IM ZOOLOGISCHEN GARTEN BERLIN WOHNTE EIN FLUSSPFERD NAMENS »BULETTE«. DIE DAME WURDE UNGLAUBLICHE 53 JAHRE UND MUTTER VON 20 KINDERN. IHR VATER »KNAUTSCHKE« ÜBERLEBTE ALS EINZIGES GROSSTIER DEN 2. WELTKRIEG.

SEITE 122 — SAUCIER

Buddy der
GARNELENBÄLLCHEN
(S. 107)

SELBST GEMACHTE MAYONNAISE

Alle Zutaten sollten Zimmertemperatur haben, da die Mayonnaise sonst gerinnt!
Die Eier trennen und die Eigelbe mit dem Senf in einem hohen Gefäß verrühren.

Nun das Öl in einem feinen Strahl nach und nach unter ständigen Rühren auf der höchsten Stufe zum Senf-Ei-Gemisch geben. Mit einem Spritzer Zitronensaft, Salz und Pfeffer abschmecken.

MIT AROMA: KNOBI-MAYO: 3 fein geriebene Knoblauchzehen
MEERRETTICH-MAYO: 3 TL geriebener Meerrettich
DIJON-MAYO: 1 EL grobkörniger Dijonsenf
WASABI-MAYO: 1-2 TL Wasabipaste
KRÄUTER-MAYO: je 1 TL gehackte Kräuter, z. B. Dill, Petersilie und Schnittlauch
ORANGEN-MAYO: Saft von 1/2 und Abrieb von 1 Bio-Orange

ZUTATEN
FÜR 4–6 PORTIONEN
2 Eigelb
1 TL mittelscharfer Senf
200 ml neutrales Pflanzenöl, z. B. Rapsöl
1-2 Spritzer Zitronensaft
Salz und Pfeffer nach Geschmack

BULETTENSAMMLUNG

ALLE REZEPTE AUF EINEN BLICK

BULETTENHEIMSPIEL

FASCHIERTE LABERLN — 15
mit Kräuterschmarren & Paradeiserröster

ÜBERRASCHUNGSEI-BULETTEN — 17
mit verstecktem Wachtelei & Möhren-Kartoffel-Stampf

BROTZEITBURGER — 18
Breznpflanzerl mit Radieschenrelish auf Röstbrot mit Senffrischkäse

KÜRBISBULETTEN — 20
mit Weiße-Bohnen-Püree und Apfel-Zwiebel-Marmelade

KULINARISCHE »VÖLKERVERSTÄNDIGUNG« — 22
Berliner Bulette mit schwäbischem Kartoffelsalat

BERLINER HAUSMANNSKLOPSE — 25
Kasslerbuletten mit Mangold-Kartoffel-Pfanne & Meerrettichcreme

DER HIMMEL AUF ERDEN — 27
Blutwurstbuletten mit Pfeffer-Hasselback-Kartoffeln & Apfel-Sauerkraut-Schaum

KÖNIGSBERGER KLOPSE TO GO — 28
mit frittierten Kapern & Rote-Bete-Chips

SCHWEIZER HACKTÄTSCHLI — 30
Rüblibuletten mit Älplermagronen & Apfelkompott

SAUCEN — 32
FRANKFURTER GRÜNE SOSSE & HENRIETTES BULETTENSENF

BULETTE URBAN

BULETTEN-DÖNER — 37
Orientalische Fleischbällchen im Fladenbrot mit Feigen-Minze-Joghurt & Hummus

CROSSOVER-KOKOSBÄLLCHEN — 38
Puten-Krabben-Buletten mit Chipotle-Limetten-Mayo

METABALL-SLIDERS — 40
mit geschmolzenem Scamorza & Apfel-Rucola-Salat

DÜRÜM DELUXE — 42
Rote-Bete-Buletten mit Mohn-Zitronen-Sauce & Granatapfel

SEELACHS-BREMER — 45
Fischfrikadelle mit Schnittlauchremoulade im Roggenbrötchen

BÁNH-MÌ-BALLS — 47
Vietnamesisches Sandwich mit Lemongrassbällchen

WHISKY-MEATBALL-BURGER — 49
mit lila Möhren & karamellisierten Zwiebeln

HANGOVER BULETTENCOCKTAIL — 51
Bloody Mary mit Wodka & würziger Bulette

SAUCEN — 52
TOMATEN-ERDBEER-KETCHUP MIT INGWER & JALAPEÑO-SCHALOTTEN-MARMELADE

EINE BULETTE AUF REISEN

»SURF & TURF«-BULETTEN — 57
mit gebratenen Süßkartoffeln und Chimichurri

KLÖPSCHEN RANCHEROS — 58
Jalapeñobällchen mit Orangen-Avocado-Bohnen-Salat

SALSICCIA-POLPETTE	60
Hackbällchenpasta mit Grappa-Tomaten-Sauce	
CHICKEN-FRITTERS	62
Sesam-Hähnchen-Buletten mit Koriander-Chili-Gurken	
SHEPERD'S PIE GUINNESSMEATBALLS	65
mit Sellerie-Kartoffel-Püree & Senfbutter	
BESCHWIPSTE KEFTÉDES	67
Griechische Hackbällchen mit Ouzo-Fenchel-Kritharaki	
BULETTE TATAR	69
mit gebackener Avocado & Tomaten-Paprika-Salsa	
KLOPS TAMALES-STYLE	70
im Maisblatt mit Chipotle-Mais & Guacamole	
EXOTISCHE SCHWEINEFLEISCHBÄLLCHEN	73
auf asiatischem Kräuter-Mango-Salat mit Thaibasilikum-Pesto	
KLOPSE DER KARIBIK	75
Jerk-Buletten mit Apfel-Mango-Salat	
BULETTEN »SETSWANA«	76
vom Strauß mit Chakalaka und Maniok	
HACKBÄLLCHENTAJINE	78
mit Auberginen & Kichererbsen	
SAUCEN	80
SCHARFE APRIKOSENSAUCE & DOUBLE-BURN HABANEROSAUCE	

BULETTEN »ETE PETETE«

SCHWIMMENDE ENTENBULETTCHEN	85
in Maronen-Vanille-Cremesuppe	
KLOPSE CAPRESE	87
gratiniert mit Büffelmozzarella, Ochsenherztomaten & Orangengremolata	
LACKIERTE LAMMBÄLLCHEN	88
mit Granatapfel-Dattel-Glasur und Ziegenkäsepolenta	
EDLE KEILERKLOPSE	90
Wildschweinbuletten mit Haselnussrisotto & Marsalafeigen	
COOKED IN LUXURY	93
Hähnchen-Zitronen-Buletten im Pergamentpapier mit Fenchelmayo	
BOULETTE LAPIN	95
Kaninchenklopse mit Kräuterseitlingen & Rotweinschalotten	
RUNDUM VERZOGENE LUXUSHÜHNER	96
Maispoulardenklopse mit Roquefortlinsen & Fenchel	
LASS DIE SAU RAUS	98
Bulette vom Duroc-Schwein mit Ingwer-Mairübchen & Portweinjus	
GOLDEN-WAGYU-BULETTEN	101
mit Champagnerkraut und Steinpilzen	
SAUCEN	102
KAFFEE-CHILI-SAUCE & CRANBERRY-ORANGEN-SAUCE MIT SCHUSS	

BULETTE UNDER WATER

KRABBENCOCKTAIL 2.0	107
Garnelenbällchen und Mango-Paprika-Gazpacho	
DOSENFISCHFRIKADELLEN	109
vom Tunfisch mit Wasabi-Püree & Ingwertomaten	
FISCHFRIKADELLE DELUXE	110
vom Steinbeißer mit Vitelottengratin und Kaviar	
STREMELLACHSKLOPSE	112
Frikadellen aus zweierlei Lachs & Gin-Gurken-Birnen-Salat	
KREBSFLEISCHBULETTEN	114
am Spieß mit Orangen-Chili-Dip und Sesamreis	
FISCHBÄLLCHEN »AMOK«	117
im Bananenblatt	
BOULETTE À L'OSEILLE	119
Kabeljaufrikadellen mit Sauerampfersauce und Speckkartoffeln	
BOUILLABAISSE »BULETTE«	121
mit Rotbarschbällchen, Muscheln, Garnelen & Rouille	
SAUCEN	122
KOPFSALAT-SAUCE & SELBSTGEMACHTE MAYONNAISE-VARIATIONEN	

SEITE 125 BULETTENSAMMLUNG

ÜBER DIE AUTORIN

HENRIETTE BULETTE, die mit richtigem Namen **HENRIETTE WULFF** heißt, ist die Berliner Buletten-Königin. Sie ist eine waschechte Berlinerin und lebt mit ihrem Mann, der auch ihre Webvideos produziert, im Stadtteil Kreuzberg. Seit 2014 betreibt Henriette einen erfolgreichen Youtube-Channel, tritt in TV- und Radiosendungen auf, ist in Zeitschriften präsent und erobert alle Herzen mit ihren internationalen Fleischklops-Rezepten. Inspiriert wird die hackbällchenaffine Globetrotterin immer wieder neu auf ihren vielen Reisen. Den Kochlöffel schwingt sie übrigens schon seit dem Kindergartenalter.

Mehr unter: www.henriettebulette.de oder www.henriettewulff.de

ÜBER DEN FOTOGRAFEN

UDO EINENKEL ist Gault Millaut prämierter Profi-Koch und war von 1990–2005 Betreiber des Bio-Restaurants *Abendmahl* in Berlin.
Alles, was sich rund um das Thema Essen bewegt, Kochen, Foodfotografie, Gesundheit, Lebensmittel, Philosophie aber auch Geschirrtücher, lassen sein Herz höher schlagen.
Sein Credo: Essen muss gesund, lecker und sexy sein.
Udo Einenkel arbeitet heute als Kochbuchautor, Foodfotograf und Foodstylist.

Mehr unter: www.udoeinenkel.de

DANK

Zu allererst möchte ich meinem wunderbaren Mann Toby Wulff danken, ohne den es *Henriette Bulette* wahrscheinlich gar nicht geben würde. Er produziert meine Webvideos mit Professionalität und Hingabe, steht mir jederzeit mit Rat und Tat zur Seite und unterstützt mich, wo er nur kann. Ich danke ihm auch für seine Geduld, wenn sich bei mir wieder mal alles nur um Rezepte und Essen dreht oder die Küche aussieht wie ein Schlachtfeld. So einen fantastischen Mann an meiner Seite zu haben, ist ein Geschenk. Toby, Du bist einfach der Allerbeste!
Mein Dank gilt außerdem meiner ganz tollen Mama und der größten Köchin von allen. Sie hat mir die Liebe und Leidenschaft zum Kochen vermittelt, mir von klein auf alle ihre Tricks & Kniffe beigebracht und mich immer wieder inspiriert. Du hast immer meine Kreativität gefördert und an mich geglaubt. Mutti, bei Dir schmeckt es immer noch am leckersten!
Ein ganz großes Dankeschön auch an meine Familie und Freunde fürs fleißige Testessen, Eure Anregungen und Euren niemals endenden Appetit auf Buletten.
Zu guter Letzt möchte ich mich bei allen Buletten-Fans für ihre Unterstützung und ihren Zuspruch bedanken. Schön, dass es Euch gibt!

Impressum

Bibliografische Information der Deutschen Nationalbibliothek
Die Deutsche Nationalbibliothek verzeichnet diese Publikation in der Deutschen Nationalbibliografie; detaillierte bibliografische Daten sind im Internet über http://dnb.d-nb.de abrufbar.

BLV Buchverlag GmbH & Co. KG
80636 München

© 2017 BLV Buchverlag GmbH & Co. KG, München

Das Werk einschließlich aller seiner Teile ist urheberrechtlich geschützt. Jede Verwertung außerhalb der engen Grenzen des Urheberrechtsgesetzes ist ohne Zustimmung des Verlags unzulässig und strafbar. Das gilt insbesondere für Vervielfältigungen, Übersetzungen, Mikroverfilmungen und die Einspeicherung und Verarbeitung in elektronischen Systemen.

f www.facebook.com/blvVerlag

Bildnachweis
Foodfotografie: Udo Einenkel
Foodstyling: Udo Einenkel, Thomas von Wittich
Fotofonds S. 33, 52, 80, 103, 123: Tanja Major
S. 126 unten: Monika Mitterl-Hellwegen
Grafiken: Julia Romeiß

Umschlagkonzeption und Gestaltung:
Julia Romeiß
Umschlagfotos: Udo Einenkel

Lektorat: Sonja Forster
Herstellung: Angelika Tröger
Layoutkonzept Innenteil: Julia Romeiß
Layout/DTP: Uhl+Massopust GmbH, Aalen

Gedruckt auf chlorfrei gebleichtem Papier

Printed in Germany
ISBN 978-3-8354-1607-9

Hinweis
Das vorliegende Buch wurde sorgfältig erarbeitet. Dennoch erfolgen alle Angaben ohne Gewähr. Weder Autorin noch Verlag können für eventuelle Nachteile oder Schäden, die aus den im Buch vorgestellten Informationen resultieren, eine Haftung übernehmen.

BLV im WEB

In unserem Webshop warten weit über 500 lieferbare Titel zu den Themen Garten, Natur, Sport, Fitness, Kreativ und Kochen auf Sie.

Surfen Sie doch mal vorbei, bestellen Sie **versandkostenfrei** und zahlen Sie bequem z.B. **auf Rechnung** oder schnell via **Paypal**.

Versandkostenfrei bestellen: www.blv.de